国家新闻出版广电总局向全国青少年推荐百种优秀图书

跟不良嗜好说再见

主 编 郭积文

西南师范大学出版社
国家一级出版社 全国百佳图书出版单位

图书在版编目(CIP)数据

跟不良嗜好说再见 /郭积文主编. — 重庆：西南师范大学出版社，2013.4

(青少年心灵氧吧丛书)

ISBN 978-7-5621-6590-3

Ⅰ.①跟… Ⅱ.①郭… Ⅲ.①青少年－心理健康－健康教育 Ⅳ.①G479

中国版本图书馆CIP数据核字(2014)第002547号

青少年心灵氧吧丛书

总主编：高雪梅　李　红　　策　划：米加德　郑持军

跟不良嗜好说再见

GEN BULIANG SHIHAO SHUO ZAIJIAN

主编：郭积文

责任编辑：郑持军
封面设计：畅想设计
插图设计：李玲洁
出版发行：西南师范大学出版社
地址：重庆市北碚区天生路1号
邮编：400715　　市场营销部电话：023-68868624
http：//www.xscbs.com
经　　销：新华书店
印　　刷：重庆紫石东南印务有限公司
开　　本：720mm×910mm　1/16
印　　张：10
字　　数：120千字
版　　次：2018年1月第2版
印　　次：2018年1月第4次印刷
书　　号：ISBN 978-7-5621-6590-3
定　　价：30.00元

“青少年心灵氧吧”丛书

编委会

给青少年朋友的一封信

亲爱的朋友：

莎士比亚说："不良的习惯会随时阻碍你走向成名、获利和享乐的路上去。"

不良的嗜好是人生的大敌，一个不能克制自己的人终究不能获得成功。不良的嗜好有很多种：偷窃、抽烟、酗酒、赌博、出口就是脏话、看不健康的书籍和音像制品、盲目攀比等。不良的嗜好对一个人的负面影响是慢慢体现出来的。它在不知不觉中损害了我们的身心健康，降低了我们的个人品位，也因此我们会变得粗俗而低级。多看健康向上的书籍，积极投身到班级和其他集体活动中，多做一些诸如打扫卫生、为班级提一壶水等公益性劳动，从小事做起，往往能够体现出一个人的修养与情操。

请相信，每一个人都是上进的，没有人自甘堕落。如果现在走错了路，那么目前最应该做的是坚强起来，勇敢地去面对现实，勇敢地去承担本应该属于你的那份责任。人总是要为自己的错误行为付出代价的，我们担当得越早，损失就越低；拖延得越晚，失去的就越多。所以，看到困难要去主动迎接，不要等到困难来找你。迎接困难的过程是痛苦的，但清醒的痛苦远胜于茫然的快乐，因为最起码我们已把

人生的主动权把握在自己手中，我们已拥有希望。不要随随便便就放弃，不要随随便便就选择脆弱。也许，一时的脆弱能让我们获得短暂的轻松，但真正的快乐是要靠努力去争取的。要知道，一个人任何时候想做自己的上帝都为时不晚。

《跟不良嗜好说再见》希望能给青少年朋友一种提示、一个提醒、一份关怀、一份祝福。希望你们在面对各种诱惑时，能明白什么是正确的人生轨道，如何在正确的轨道上更好地前行。尤其是深受不良嗜好影响的青少年朋友，“有所为有所不为”似乎并不是一件简单的事情。它不仅需要无比坚定的决心与信念，还需要持之以恒的耐心与毅力。

谁没有过花季？谁没有过雨季？正因为雨季的到来，花儿才显得无比的鲜艳；正因为春雨的浸润，花儿才显得格外的美丽。愿天下所有的花季少男少女们，在这如花如雨的季节里，远离不良嗜好，做一名心智健康、阳光向上的青少年。

编者

目录

CONTENTS

第一篇 新新人类

如果有这样一群人，被称作“新新人类”，那么，他们应该是新鲜、向上、健康，在阳光下可以灿烂的。当然，他们肯定是年轻的，脸上没有皱纹，心中没有障碍，神态拒绝萎靡，精神无限舒展，他们对未来不只是向往，而且坚信自己已经赢在了起点。重要的是他们没有历史的包袱，不在乎别人的评论，因此他们行走的姿态是跳跃的。让人们惊讶这一群人怎么如此轻盈，如此自信……

我不能定义自己，我讨厌单调和重复。

我爱新鲜空气和自由，我想过简单而快乐的生活。

我思考，我存在，我上网，我很酷。我不是坏小孩，我是“新新人类”——不是假想敌。

1. 拒做宅男宅女

困难困难，困在家里就难；出路出路，走出去就有路。

——励志名言

心灵故事

宅女唐小雅周末都是睡到日上三竿，起床后不洗脸不梳头，随便套件妈妈从门口超市里买来的20块钱3件的小背心。午饭和晚饭时间就成了唐小雅和亲人们唯一相见的时光。其余时间她都窝在房间里上网，房门紧闭，摆出一副无生命迹象存在的姿态。即使有同学想来家里找她玩，唐小雅都厉声拒绝——“我现在这形象不能见人，你来了我还得拾掇拾掇，多麻烦啊！”

使小雅同学“宅”在家里的主要诱惑就是电脑和网络。小雅说：“我觉得不需要出去，是因为网络里好玩的东西已经足够多了。想要逛街，就去网上逛网店，快递会直接把东西送到家里来；想要和朋友玩，就QQ联系他们，一起玩线上游戏；想要看电影就更不用去电影院了，从网上下载就好，还是免费的……‘外面的世界很精彩’这句话已经过时了，网上的世界才精彩，我们根本不需要出门。不过要碰上一种情况我就郁闷了，那就是网速不好的时候，超级抓狂，然后就开始发呆，不知道做什么好。最近越来越感觉到，现如今要强行逼迫我出门的话，我已经不知道做什么了。”

心理解码

案例中的小雅家门基本不出，早餐基本不吃，脸基本不洗，电脑（电视）基本不离，卫生间能不去就不去……还美其名曰：“宅”也是一种生活态度。话虽这么说，可“宅”到一定境界就有些病态了——身心健康都会受到影响。

现如今越来越多的中学生开始在周末或假期过起了“宅”生活。“宅男宅女”是新兴的网络语言，指“痴迷于某事物，或依赖电脑与网络，足不出户，或厌恶上班或上学”

的“新新人类”。这些人每天憋在屋子里不出去社会交往，沉迷于电脑游戏、网络聊天，泡论坛，看动漫，看电视连续剧，也不会主动去接触其他的事物。他们封闭在自己的世界中，并不觉得自己的行为是没有意义的，每天过着很满足的生活。

在一项调查中，有36.23%的网友认为，“宅”在家中有更多休息时间，但34.79%的网友也承认，“宅”生活让他们失去了不少社交机会，会对人际交往和工作产生一定影响。此外，近两成网友表示，“宅”让他们性格变得自闭抑郁，不善与人交往，超过10%的网友认为自己变得害怕接触人群。长期“宅”在家里沉迷于虚拟世界、脱离现实生活的“宅人”，由于长期缺乏与人交往，容易导致基本社交功能的退化，出现回避性人格障碍、社交恐惧症、挫败心理、网络成瘾甚至自闭症等心理问题。

如果你是这些宅男宅女中的一员，那就要提高警惕了。“宅”并非一种时髦的生活状态，过度“宅”在家里会形成各种各样的心理问题，而且社交功能会受到很大的损害。

一则经典的寓言是这样说的：小鹰和小鸡同时学飞翔。小鹰一次次被妈妈带到高岗上，在战胜了无数次的恐惧后，当它终于飞翔蓝天时，它发现了广阔蓝天的美妙。而小鸡因为害怕，不敢飞翔，因此一辈子只能在地下觅食。这或许就是老鹰和小鸡的命运分野——飞翔，勇敢地走出去，才能面对广阔的天空。

首先找到问题的答案。你为何成为“宅男宅女”？是因为天性自闭，还是后天的环境造成的？比如害怕学业成绩很不理想，比如与人交往没有自信，比如沉湎于网络中？

如果说因为天性自闭，那就要知道自闭常常缘于自卑，但是自卑有时比起自信更能产生力量。自卑的人更容易自省，而自信的人更容易狂妄自大。重要的其实不是自己的缺点和不足，而是对自己的缺点和不足的不接纳。因为与自己的身体，与自己的不足“为敌”而产生焦虑和紧张，产生剧烈的内心冲突，这才是一种有害的力量。所以，重要的是接纳自己，既接纳优点，也接纳缺点。没有人是完美的。当你能够做到与自己身上的一切和睦共处时，你才会坦然地走出自闭，才会坦然地去面对他人。

心灵魔法

“宅男宅女”要改变自己的生活观念，多走出家门，多与人交流，你会发现真实的世界虽不完美却是如此可爱。

1. 首先仔细想想自己的生活目标究竟是什么

“宅生活”只是一种生活方式或生存的状态，对任何人而言，这都绝对不是最终的生活目标。每个人的内心都有一种自我成长的力量，有着种种对生活的期待和渴求，试着聆听一下自己内心的声音，慢慢激发起改变的愿望，要相信自己是可以而且有能力改变的。

2. 从生活中的小事情做起

例如，试着偶尔上街去购物，不要完全依赖于网络交易；重新安排自己的作息时间，不要总是熬夜或是睡懒觉；每当完成一件事时，给予自己适当的奖励，以增加自信心。

3.从周围环境入手逐渐拓展自己的社交圈

良好的人际关系来自对自我的认识和接纳，来自与他人的沟通和体谅。只要你真诚待人、心怀友善、学会微笑，乐于不断充电、扩大自己的知识面，敢于放开自己、表达自己，一定会遇到不少真正欣赏你、懂得你的朋友和知己。

4. 积极参加一些体育锻炼，比如散步、慢跑、游泳等

运动可以提高身体的功能、知觉力和控制力，增加血液循环，调节心律，改善机体的含氧量，强健体魄，同时还能放松心情、缓解压力、提升精力。当你慢慢习惯了运动带给你的那种愉悦的感受之后，生活方式自然也就不知不觉发生了变化。

5. 多到户外走走

到外面感受一下清新的空气和明媚的阳光；条件许可的话，制订几项旅行的计划，定期出门旅行，这样不仅可以拓展自己的视野，还会让我们更加热爱生活，更加懂得珍惜和感恩。

心灵自助餐

下面的几种表现，如果你出现一半以上，那你就有点“宅”了，赶紧走出家门，拥抱大自然去吧。

1. 痴迷：痴迷于某事物，如动漫、明星、连续剧、游戏等。此种痴迷也是突发性的，突然爱上不能自拔。

2. 依赖电脑：长时间不能使用电脑就会感觉到很难受。

3. 依赖网络：干什么都想上网，上网又没事做，经常挂在网上。

4. 不想去上学：有时候会很厌恶上学。虽然极度讨厌，但没有办法。

5. 作息时间很不稳定：没有一个规律的作息时间。

6. 极少出门：认为与其出门，不如待在家里。参与一个要出门的活动往往会花很多时间考虑。

7. 不喜欢接触陌生人：在现实中不喜欢与陌生人交流，认识陌生人会感到恐惧。

8. 性格多少有两面性：在不喜欢的事情面前，会掩饰自己内心的想法，得过且过。有时候感觉自己有双重性格。

9. 收藏癖：最喜欢收藏一种或多种物品，并乐此不疲。

10. 喜欢或有写日记或日志的习惯：喜欢写日志或日记，或用相片记录自己的生活。

11. 喜欢虚拟的人物：如漫画里的角色、书本里的角色等非现实生活中的人物。

12. 常常会有一只形影相伴的宠物。

13. 常常坐在厕所里看书或玩手机，直到两腿发麻站不起来。

2. 切勿偷拍

己所不欲，勿施于人。

——《论语》

心灵故事

一天，李老师像往常一样来到教室准备上课，但课堂上的气氛让他觉得很不对劲，平时听课都很认真的同学们今天心思却不在课堂上，不管他怎么讲课，台下总会有小声的哄笑，还有女同学对他指指点点。李老师很纳闷，但一贯与学生“为善”的他又不便发火，终于熬到了下课，他找来班长问个究竟，结果让他大受打击。原来，几天前，小强上课时偷偷用手机拍下了李老师很多“不雅”的动作，吐痰、擦鼻涕、发火等等，还将这些照片加上注解后上传，用QQ发给全班同学“欣赏”。李老师随后找到小强，这才发现，该同学不仅拍了自己的“丑态”，在他的手机里还有其他几位老师及同学的照片。

小强承认了错误。他坦承自己喜欢偷拍，手机一不在身边就坐卧不安，一天不偷拍几张就感觉缺了点什么。上课找机会拍、下课满校园拍，课不好好听了，作业也不做了，成绩急转直下，在前一阵的阶段考试中还亮起了几个“红灯”。“没想到偷拍也会上

瘾！”小强自己也十分迷惑，对荒废学业感到很后悔。

心理解码

案例中的小强从开始用手机拍照到后来变成偷拍，他拍老师上课的各种“不雅”的动作，对老师是一种不尊重、不礼貌的行为。这样的偷拍行为甚至还上瘾了，不拍不行，课不好好听了，作业也不做了，荒废了学业。

如今，手机已成为学生生活中的“必需品”，具备拍照功能的手机也越来越多，然而，一些学生除了用手机与家长、同学进行沟通外，还充分发挥了手机的辅助功能——“课堂自拍”“上课偷拍”……没错，这就是某论坛彩信版块最热门的词汇。浏览这些照片后让人惊愕不已，照片中的教师、学生都是在不知情的情况下被拍摄，神态动作千奇百怪，甚至有一些是不健康的偷拍。

自从手机有了摄影功能之后，偷拍成风，几乎到了全民乱拍的程度。手机拍的照片与专业或准专业相机拍摄的照片不可同日而语，从摄影的角度看，基本上没有价值。

但大多数用手机拍摄的人求的不是照片的质量，而是及时性和网络性。能够及时抓拍并传到网上，比什么都重要啊。网络本来就是一座电子监狱，我们在网络上的所有足迹都是有据可查的。而手机的偷拍功能更是加剧了现代都市人的不自由：一不小心，我们就上了别人的镜头，成了别人的网络笑料。想想都够恐怖的。

偷拍动机大致分为三类，勒索、心理变态或是无目的的好奇。显然，校园偷拍正属于后者。人人都有好奇心，尤其是年轻人，如果将好奇心放到求知上，我想没有任何人反对，更不会对任何人造成危害。但如果将强烈的好奇心转移到对他人隐私的关注上的话，这时候，“好奇心”就变成了“偷窥欲”。而偷窥，可能会给他人及偷窥者本人造成极大的伤害。同时要知道利用偷拍软件，达到窥探他人隐私，并获取非法所得的行为，要承担法律责任。对于青少年朋友来说，如果染上这种“癖好”，很容易滑入犯罪的深渊。

心灵魔法

每个人都想宣泄自己内心的欲望，但不要一味地通过偷拍来释放自己的内心，学会尊重别人的隐私权，也是尊重别人的表现。只要学会控制，就可以克服偷拍的不良心理。

1. 学会换位思考，如果被偷拍的人是你或是你的家人，你的感受是怎么样的？你肯定会觉得偷拍的人很可恶、没有道德心，对偷拍的行为感到愤怒。

2. 要知道偷拍行为有可能触犯法律，尤其是在网络上散播他人的隐私照片。

3. 要树立正确的思想观念，偷拍他人隐私的行为是不可取的，这个行为是有违道德的。

4. 既然你喜欢拍照，那么建议你学习摄影技术，把心思放在研究怎么拍好照片上，说不定你能从中发现自己的兴趣和能力。

5. 要扩大生活圈子和兴趣，通过参与有意义的活动，缓解生活压力，避免沉溺成瘾的行为。

6. 如果你总是无法控制自己的偷拍欲望，每天不偷拍就觉得焦虑不安，那建议你找心理老师或者是专业的心理医生来帮助你。

心灵自助餐

法律知识知多少

1. 偷窥、偷拍、窃听、散布他人隐私的行为如何处罚？

根据《中华人民共和国治安管理处罚法》第四十二条第六项的规定，偷窥、偷拍、窃听、散布他人隐私的，处五日以下拘留或者五百元以下罚款；情节较重的，处五日以上十日以下拘留，可以并处五百元以下罚款。

如果传播出去的话，问题就很严重。一方面是侵犯隐私，传播出去会对受害者构成“侮辱”，有可能要追究刑责；另一方面，隐私的内容传出去，如果是“传播淫秽信息”

行为，《中华人民共和国治安管理处罚法》第六十八条规定，要处十日以上十五日以下拘留，可以并处三千元以下罚款；情节较轻的，处五日以下拘留或者五百元以下罚款。第六十八条可以与第四十二条合并处罚。

2. 偷拍视频放入视频分享网站有什么后果？

如果一个偷拍行为只是为自娱自乐，不上传到网络上，仅供个人看，一般是不侵权的。将偷拍的视频上传到网络上，供网友观看、下载，这就可能侵犯视频中当事人的肖像权和名誉权。

如果没有侵害他人利益和公共秩序，他人无权干涉。但是如果对他人私人事务进行偷拍后上传到网络上进行传播，就可能侵犯当事人的个人隐私权，这里包括肖像权和名誉权。偷拍者和上传者将可能承担法律责任。

3. 忘带手机的一天坐立不安

世界上最遥远的距离不是天涯海角，而是我在你面前，你在玩手机！

——网络热门语

心灵故事

小君平时喜欢有事没事就拿着手机按几下，玩游戏、看小说、听歌、刷微博。除了吃饭、睡觉时间外，一天要玩10多个小时的手机。要是出门忘带手机便惴惴不安，好像丢了魂一样；一天手机铃声没响，就感到异常失落，总以为手机出了毛病；有时听到钟表的声音就以为是自己的手机铃声响；而睡觉前一个小时手机刷微博、玩游戏是"必修课"；等车、吃饭、朋友聚会上，也总是低头玩手机，甚至走路时都不忘掏出手机聊QQ、看微博。

面临中考，他想好好学习，戒掉对手机的依赖。但是坐在教室里听课，总是开小差，注意力没有办法集中，想着手机里各种好玩的游戏和小说。甚至还忍不住偷偷地在课桌里玩手机。“我本来想着玩一会儿游戏就不玩了，但总是一玩就是一节课。”最近他又在课堂上玩手机，被班主任发现了，没收了他的手机，并让他好好地反思自己的行为。小君很苦恼，决定让老师代为保管他的手机，彻底戒掉对手机的依赖，认真学习。

心理解码

案例中的小君过度依赖手机，以至于影响了生活、交友、学习。手机功能层出不穷，人们和它的关系越来越密切，手机已成为我们生活的一部分，但同时也埋下隐患，过度依赖手机，妨碍我们的身心健康发展。

这样的案例在生活中并不少见，说不定正在阅读此书的你也是一个被手机控制的人。随着时代发展与科技进步，手机这种曾经的奢侈品也早已变成寻常的通信设备，学生中手机的持有率也相当高。在中学这种相对封闭的环境中，手机已经成为学生娱乐消遣的最佳工具，也消耗了学生们大部分的课余时间，有的学生甚至在自习及上课过程中也抵挡不住诱惑而悄悄地玩手机。学生对手机的依赖严重地影响了他们的学习和生活。

相关专家指出，过度依赖手机，会带来以下危害。

1.影响睡眠

智能手机的功能丰富，原本应该是睡觉的时间，但很多人可能玩兴正浓，打乱了正常的生活规律，导致第二天精神萎靡。

2.形成“触屏手”

长时间过度使用触屏手机，会导致手部关节、肌腱损伤性症状群，包括手指、手腕关节疼痛无力，动作不灵活等，形成所谓的“触屏手”。

3.引发癌症

世界卫生组织下属的“国家癌症研究机构”认为，手机辐射可能会引发癌症，手机的使用和汽车尾气等一并被列为癌症诱发因素。

4.影响人际交往

过度依赖手机会削弱实际沟通与交流能力，经常利用电话沟通的人会渐渐地变得特别不愿意直接和人面对面讲话。

心灵魔法

手机是一个工具，它给我们带来太多的便利。但是，工具是为人服务的，永远记得不要成为它的奴隶。

1.要培养广泛的兴趣。培养各种替代兴趣，用别的娱乐方式转移对手机的注意力。如郊游、健身、看书等。

2.要与同学、教师、家长建立良好的人际关系。一个在现实世界中被孤立的个体很容易被手机构建的虚拟世界所诱惑。因此要多利用课余闲暇时间参加一些社团活动，在生活中建立自己的交际圈。周末多与父母谈谈心，或者与家人一起做做家务。

3.对手机实行限时使用。可设定每次使用时间不超过15分钟，如果超时，闹钟声就会大响。

4.独处会让心平静下来。学会思考和欣赏，适当的时候把手机关闭，让自己的耳朵、心灵清闲一下，也许会发现，这个世界和你所想象的有太多的不一样。

5.让自己信任的人代为保管你的手机。对于自制能力较差的青少年学生，这种方法是很有效果的，让朋友帮助你尽量远离手机。

心灵自助餐

小测试

经常使用手机的你是不是也担心自己是否得了“手机依赖症”了？那么就做个小测试吧！如果下列问题有一半以上的回答是肯定的，那么你很可能已经患上了“手机依赖症”，一定要小心对待。

1. 你总是把手机放在身上，如果没有带，就会感到心烦意乱，无法做其他的事情，甚至还有些害怕，但自己也说不清楚怕什么。

2. 如果你没带手机，被告知今天没有任何事情，就是出去玩，但是你也会觉得很不踏实，坐立不安。

3. 总会有“我的手机铃声响了”这种错觉。听到钟表的声音，会当成自己手机的声音。

4. 有时还会产生一些幻觉，比如长期对手机特别敏感，可能没有任何的声音刺激，却总会觉得耳边好像有手机的铃声，要不停地去看自己的手机。

5. 经常下意识地找手机，不时地拿出手机来看看，有时候甚至将手机攥在手里头才踏实。

6. 吃饭的时候要把它放在桌子上，总是怕漏过信息，或者漏接电话。

7. 你晚上睡觉的时候，即便是没有什么事情也经常开着手机。

8. 别人看自己的手机，不管是有意还是无意，你都会非常反感，非常恼火。

9. 你最近经常有那种手脚发麻、心悸、头昏、出汗、肠胃功能不好的现象。

10. 在假期没有事情的时候，这时完全可以不用手机，但如果手机不在身上，就会不踏实，坐立不安，什么也做不下去。

4　电视迷——我想要“穿越”

心灵故事

明明是个心灵手巧的女孩子。去年暑假在家看了一个假期的电视，深深地被电视所吸引。平时上学，父母不允许她看太久电视，她很苦恼。在卧室里写作业的时候，她悄悄把门打开一个缝隙来偷听甚至偷看客厅里的电视。要是到了周末或假期看电视，一看就是一整天，两眼只盯着荧光屏，对其他东西都不感兴趣，不愿活动，也不愿和别人说话，只顾看电视，有时连吃饭也马马虎虎应付。她最喜欢看的是穿越剧《宫锁心玉》《步步惊心》《宫锁珠帘》，只要是穿越题材，她每部都看。甚至有一部电视剧她都看了四遍了，可还是非常沉迷。

自从她沉迷看电视后，学习和其他娱乐活动她都没有什么兴趣了。眼睛里看的、脑子里想的、心里装的、嘴巴里讲的都是电视剧。晚上睡觉前想的，做梦做的都是电视

剧的剧情。而且总幻想有朝一日也能像电视剧中的主角一样穿越到古代。她说:“我太喜欢清朝了,要是能穿越到清朝去就好了,可以穿很漂亮的衣服,还有很帅的阿哥,而且不用写那么多的作业,关键是我懂很多诗词和新鲜事物,说出去古代的人一定吓一跳……”

心理解码

案例中的明明因为沉迷电视剧,尤其是穿越剧不能自拔。甚至一部电视剧都看了四遍了,再看还觉得津津有味。饭也不好好吃,学习的热情也没有了,变得不爱与人交流。从一个心灵手巧的女孩子变成一个看着电视哭哭笑笑、脱离现实的电视迷了。

近几年的荧屏,穿越剧突然成为收视的热门。从《寻秦记》《穿越时空的爱恋》《魔幻手机》,到《宫锁心玉》,再到《步步惊心》,越来越多的都市人喜爱上了“穿越”题材的小说、影视等,以至于有人迷失在“穿越”中,或把“幻想”当现实,迷恋其中,不可自拔,或疯狂找寻穿越方法想回到前朝。

喜欢看电视，这对于了解时事，对更新知识和休闲娱乐是有好处的，无可厚非。但越来越多的人，特别是青少年沉湎于卡通片、武打片、言情片、枪战片、警匪片等电视节目中，注意力被电视牢牢地吸引住，有时甚至为了看电视可以不吃饭，或边吃边看、边做作业边看电视，甚至部分人出现了“电视孤独症”的表现，以及长时间看电视诱发癫痫发作、睡眠障碍等。

电视迷容易出现无技能状态

本来挺聪明的头脑懒于思考，挺灵活的双手懒于劳动就是无技能状态。看电视是一种被动接收的状态，肥皂泡般层出不穷的电视节目可以把声光色形和各种情节糅合在一起呈现出来，按一下电视开关就可以坐在电视机前“守株待兔”了。长此以往，你的探索能力、思考能力以及动手能力就会因为缺乏刺激而逐渐减退。

“电视孤独症”最大的伤害是导致自闭的个性

由于缺乏思维分析能力、生活空间比较狭窄、爱好也少，长时间看电视后，大量的信息输入大脑，就会觉得离不开电视，于是，整日与电视为伴，不关心周围的事情，也不喜欢接触其他人，时间一长，就会导致性格和心理的变态，形成一种非常孤独并难以与人沟通的性格。这些人一般适应能力差，不知道如何对待周围的事物，成人后很容易成为心理不健全的人。即使再经历最优良的教育，将来仍会有相当一部分人不能很好地适应社会，也就是说不能像正常人那样很好地生活。

电视迷指标

1. 看电视会使情绪好。
2. 看电视时经常看到欲罢不能。
3. 被禁止看电视会生气而久久无法释怀。
4. 一旦打开电视就像被黏住一样，无法走开。
5. 周末或假日时最想做的事就是看电视，甚至拒绝与家庭成员的共同活动。
6. 不管电视播出什么内容都想看。
7. 看电视的时候时常忘记时间而误事。
8. 看完电视后，常会心情低落，不知道要如何安排时间。

9. 当看完电视时，会对自己爱看电视这种行为感到不安。

10. 看太多电视，自己会产生罪恶感。

以上所列的指标，如果经常具备3项以上，就是电视迷了哦，好好控制自己哦，合理安排自己的学习和运动时间，把电视暂时抛开吧！

心灵魔法

让电视成为你放眼世界的一扇窗，而不是阻碍你身心成长的一道墙。看电视是当今青少年认识世界、丰富头脑、陶冶情操不可替代的重要途径，但是任何事物都有两面性，都有个度，超过了这个度，就会产生不利的影响。

1.避免收看电视的盲目性。适当地、有选择地看些适合自己年龄的电视节目可以起到增加知识、开发智力、娱乐身心的作用。

2.可以和家人、朋友一起交流观后感。比如根据观后感制订改进学习的方法、提高交往的技能、增强身体素质的具体计划，并努力实施。

3.一定要控制看电视的时间。最好选择周末或假期收看电视，而平时每天最好不要超过半个小时。

4.不宜长时间坐在电视机前。尤其是边喝碳酸饮料边吃高热量食物，对青少年的身体发育会有不良的影响，容易导致肥胖。建议你在电视中间插播广告时不妨起身暂时离开电视机，走出去、伸伸腰、喝点水。

5.多与家人、朋友一起聊天。学会体味与人相处的乐趣，从而转移对电视的注意力。例如周末多外出去亲近自然、多参与体育锻炼或者到图书馆看看书等等。

6.培养健康的兴趣爱好。充分开发使自己全方面发展的兴趣活动，培养自己多方面的能力。例如平常多打羽毛球、弹吉他或者是下象棋等等，自然就没有时间看电视了。

心灵自助餐

细数穿越剧谎言

（来源：华夏网—华商报—记者李南夏）

谎言一：坠崖、撞车就能“穿越”

去年热播剧中，无论是《宫》中的“坠崖穿越”，还是之后的《步步惊心》里的“车祸穿越”，所谓的“穿越”方式都极其危险。

正解：现代科技没有穿越条件

穿越只存在于理论中，现在还没有条件实现。现代的生物学证明了人的记忆存在于大脑中，所以即便物理形式穿越，也是不带记忆的。那种坠崖、撞车意外穿越的方式，通过科学是解释不通的。

谎言二：宫廷中都是俊男靓女

很多小女生之所以向往穿越到宫廷，可能是看到宫廷剧中王子公主个个都是俊男美女。

正解：近亲结婚遗传不优良

在多年前《还珠格格》当红的时候，赵薇、林心如等人的美貌让很多观众称赞，但随之网上曝出“小燕子”“紫薇”的历史人物原型，让大家大跌眼镜。由于皇室内部很多近亲结婚，所以也会有痴呆、智障的情况出现，遗传不可能都是优良的。

谎言三：“闯祸精”在宫廷很吃香

在清宫穿越剧中，我们经常能够看到，由于主人公是从现代穿越过去，不懂得宫廷规矩，常常闯祸，但总能得到赦免。《步步惊心》里的若曦、《宫锁心玉》里的晴川，都因为泼辣倔强的性格得到观众喜爱。

正解：一句话说错就有杀身之祸

中国古代历朝历代深受儒家思想的熏陶，宫廷内更是等级森严，即使你的身份是王子或公主，在公开的场合也必须按照礼节做事。稍有触犯等级和礼节的情况，都免不了受到惩罚，甚至有杀身之祸。

谎言四：“穿越”回古代谈恋爱

除了因为剧中人物的相貌之外，女主人公穿越回古代，和帅气的阿哥们的感情纠葛，也是小女生向往穿越的原因之一。

正解：古代难有自由恋爱

在古代，普通老百姓的婚姻都是“父母之命，媒妁之言”，宫廷中的婚姻更是“指腹为婚”和“政治联姻”居多，根本不会有那么多的自由恋爱，皇宫中长大的孩子从小都被灌输着封建礼教思想，很难接受自由恋爱的理念。

谎言五：现代人在古代畅通无阻

在穿越剧中，往往表现主人公回到古代，用现代思想和常识，解决古人难以办到的难题。这让很多小朋友产生幻想：回到古代，就会比常人优越。

正解：古代人都用“文言文”

导演拍电视剧是给现代人看，肯定是用现代汉语作台词，而古代人通行的是文言文和繁体字，除非是做古代文学研究的学者，不然普通人穿越回古代可能都活不下去的。

第二篇　科学上网

如果我不在网吧，就在去网吧的路上。

哥上的不是网，哥上的是寂寞。

不上网，就手痒。

打死都要上网。

……

随着科学技术的发展，计算机在21世纪的普及，网络已进入千家万户。网络以其丰富的内容、广阔的视野、便捷的方式，呈现给人们一个美妙而又精彩的世界。网络传递使世界的时空缩小了，把如此庞大的地球变成了一个真正意义上的“地球村”；网络技术也使我们的眼界扩大了，做到了“秀才不出门，便知天下事”。但任何事物都有两面性，网络也是如此。越来越多的成年人、青年人甚至儿童在网络中学习、生活、游戏，长期沉迷于网络之中，导致丢魂失魄、玩物丧志，荒废了青春，迷失了人生。沉迷网络究竟有哪些危害，又该怎么预防和纠正呢？

1. 沉迷网络游戏的男孩

电脑是工具，不是玩具。用电脑的人是聪明的人，玩电脑的人是没有大用的人。最终，玩电脑的人，是给用电脑的人打工。

——陶宏开

心灵故事

刘俊不仅门门功课表现得十分优秀，还是班上的课代表，深得老师的喜爱与欣赏，家长也对其寄予了很高的期望。一次偶然的机会他在同学的介绍下接触了《传奇》游戏，通过游戏世界中的找矿、杀妖魔、寻宝、找秘籍等活动，本领不断提高，级别不断上升，在游戏中还自己成立了帮派。游戏中的每次成功都让他兴奋与激动。刘俊从此对网络游戏产生了兴趣，逐渐沉迷于游戏中的斗智斗勇和轻点鼠标的那种感觉。就算上课、睡觉、吃饭，脑子里总浮现游戏上的画面，常常发呆琢磨着下次应该用什么方法过游戏关卡会更好。

从那以后他好像完全变了一个人似的：上课不好好听讲，下课不写作业，经常逃课、说

谎，甚至还顶撞老师。为了不让刘俊继续上网，爸爸妈妈想方设法把电脑藏起来，没有想到的是，刘俊却把上网的地点由家中搬到了网吧。没有零花钱，他就不吃饭，饿着肚子省钱上网。父母轮流接送他上学，他就经常逃课，一头钻进网吧。可以说，他玩游戏到了废寝忘食的地步。学校和家长多次教育也无济于事，无奈之下，父母只好决定让他休学一年。

心理解码

案例中的刘俊从一个品学兼优的学生变成了一个网络游戏沉迷者，彻底荒废了学业。一方面原因是网络游戏太有吸引力了，另一方面是自身也缺乏自制力和控制力。

像刘俊这样的青少年有很多，网络游戏会吸引青少年朋友，最主要的原因是：

（1）从游戏中体验到的快乐和成功比现实生活中的多。游戏牢牢地抓住他们的好奇心、探究欲和动手尝试的欲望，同时还能够及时地反馈学习的成效，并且给予多次反复尝试的机会。

（2）由于学业负担的繁重，学业上很少能得到网络游戏中的情绪体验，一方面是学业上的枯燥乏味甚至遭受太多的挫折，另一方面是从网络游戏当中得到的成功体验。

（3）玩游戏通关带来的成就感。无论什么样的游戏都是由简单到复杂的，在这个过程中，可以不断地挑战自己，游戏通关带给青少年一种成就感。但凡能够流行的游戏尽管操作简单，但都不是傻瓜游戏，需要用自己的聪明才智去猜测、去下赌注，必须花心思去谋略，需要人的速度、胆识、谋略、智慧，所以一旦游戏通关，那种快乐真的不言而喻。

（4）享受网络游戏的丰富。网络游戏的世界比现实世界丰富得多，有许多在现实

生活中无法获得的东西，都可以在网络游戏中实现。网络游戏把世界变得简单，不像现实世界这样麻烦，网络游戏上买东西、打杀、寻宝都像电影一样，只需要用鼠标轻轻地点击，简简单单地就可以获得现实生活中难以获得的财富。而且，网络游戏规则简单，有可以任意发挥的空间，现实生活中，获得他人的肯定需要积累深厚的实力，也需要更长的时间。

可是，不论在网络游戏上获得怎样的体验，这些都是虚拟的，或许打游戏的高超技巧可以令人羡慕，除此之外，网络游戏中获得的感受都是不现实的，无法在现实生活中重现，无法取代现实生活，结果只能是身心各方面受到伤害。因为网络游戏是在虚拟的世界里进行的，最严重的问题是长期在网络上活动，会减少现实活动的时间，影响学习，以致对身体健康不利，同时形成心瘾。各地因迷恋和模仿网络游戏引发的抢劫和暴力事件层出不穷。

心灵魔法

1.控制上网时间。控制好每周上网的时间要比控制好每天上网的时间更有效。给自己一个限定“我每周上网的时间不能超过×小时”，自行调节，避免过于死板。

2.控制上网地点。未成年人不去网吧上网。同伴之间往往存在相互“学习”的作用，如果遇到一些成天泡在网吧的“榜样”，就会加速网络成瘾的形成。

3.控制网络的使用内容。学习网络的使用技巧，学习网上获取资料的技能，保护自己的电脑不会受到病毒或“不良网站”的进攻。

4.不能放弃监督。把电脑放在客厅、书房等有利于家长或者他人监督的地方，也可以在电脑旁放一个小闹钟，事先就定好下网的时间，这些都能预防网络沉迷的发生。

5.多看积极向上的书。好的书能指引你树立远大的理想，树立积极向上的人生观。

6.寻求心理帮助。当你发觉自己已经对除了网络游戏以外的一切事情都没有兴趣时，或是一上网便不能离开电脑时，建议你去和心理老师或者心理医生聊聊。

心灵自助餐

小测试：你是否网络成瘾？

1. 下网后总念念不忘“网事”。

2. 总嫌上网时间太少而不满足。

3. 无法控制上网的冲动。

4. 一旦减少上网时间就会焦躁不安。

5. 一旦上网就能消散种种不愉快。

6. 上网比上学做功课更重要。

7. 为上网宁愿失去重要的人际关系和工作、事业。

8. 不惜支付巨额上网费。

9. 对亲友掩盖频频上网的行为。

10. 下网后有疏离、失落感。

以上是美国心理学家杨格提出的诊断网络成瘾的10条标准，杨格认为只要符合4条以上就可以判断为网络成瘾。时间是判断网络成瘾的自然标准，判断是否网络成瘾，主要看其成瘾行为是否影响了个体正常的学习、工作和生活等方面，是否导致人际关系恶化、学习能力减弱、工作效率低下、生活质量下降。

2.QQ 交友须谨慎

海内存知己，天涯若比邻。

——[唐]王勃

心灵故事

小华平时没有什么休闲爱好，一般都喜欢上网与人QQ聊天。她有个好听的网名叫“一米阳光”，不久前她认识了一个叫“蓝秋”的网友。这个“蓝秋”自称是本市一所重点高中的学生，还是小华的校友师哥，这些让小华觉得既亲切又崇拜。

一次，“蓝秋”问小华“你想上什么高中，可以直接保送……”小华听到这个消息，不禁激动万分，于是她回应道：“太好了，我想上你的那所高中。”“蓝秋”表示这个事情很简单，他给小华一个工商卡卡号，让她在第二天下午之前向里面汇入100元人民币，一个月内她将会收到录取通知书，明年开学就能来这所高中读书了。“蓝秋”还认真地再三叮嘱“一定要记住汇款的时间，过时将会失效！因为名额有限，千万别透露给其他人，否则就报不上名了”。

就在小华把100元汇进了“蓝秋”的工商银行卡后，他便从小华的QQ中消失了，小华的重点高中梦也随之化为泡影。小华才深深意识到“蓝秋”原来只是一个骗子，他已把自己拉进了“黑名单”……

 心理解码

案例中的小华通过网络认识了网名为“蓝秋”的人，在平时的互动中渐渐对他产生了信任感。对“蓝秋”所说的100元上重点高中的荒谬谎言深信不疑。一方面可见小华个性比较单纯，另一方面这个骗子“蓝秋”特意设下圈套，用“同校师兄、重点高中学生”的假身份哄骗小华上当。好在小华只是损失了100元，没有对人身造成伤害，也算是不幸中的万幸。

在现实生活中，诸如此类的事情还有很多。上网者通过网络聊天室和各种聊天软件等进行人际交流，以虚拟空间的网络聊天室或以网络社群的人际关系取代现实生活中的亲朋好友。上网聊天让人足不出户就可以结交天南海北的朋友，拓宽了他们交流的时间和空间。网络的优点是可以“天涯若比邻”，但是也容易造成现实生活中的“比邻若天涯”，甚至有可能遭遇网络骗子。

1. 网聊的虚拟性

“青少年网聊行为是一种精神空虚的表现。”有的中学生上网聊天、交友，侃得天昏地暗，以为浪漫至极，遇到了知己。然而，网上交友，是很容易上当受骗的。因为网络毕竟不是现实，它是虚拟的东西，传递的信息也往往带有欺骗性。只通过一条网线，双方无法了解彼此的真实情况。由于心理上不成熟、对社会生活了解不深，在网聊中，往往成为别人“恶作剧”或者“欺骗”甚至犯罪的目标。因此，青少年在网聊中往往是最容易受伤的对象。据一项有关香港青少年在互联网上交友的调查显示，有70%的青少年在网上结识新朋友，其中50%的青少年会与网友见面、通信、打电话等。网络专家指出，由于网络具有跨国界的特性，因而各种骗术层出不穷。中学生思想单纯，与网友交谈时往往实话实说，结果被一些不法分子利用，以致上当受骗。

2. 喜欢网聊的人的特征

沉迷网络聊天的人大多数在现实生活中性格内向，不善于交际，社交面窄，或者有些自卑，认为自己相貌、地位、经济条件不佳，语言笨拙，又由于缺乏社交技巧等而羞于或恐惧社交，使他们在现实生活中的交往遇到许多困难。而网络具有的匿名性、平等性、隐蔽性、安全性、有限的感官接触等特点使得他们在网上社交很容易获得成功，不用担心他人的消极评价，不必害怕被人拒绝。

心灵魔法

1. 网络交友须谨慎

或许你和网上的朋友有很多相似的地方，有很多共同语言，有共同的兴趣爱好。但还是要提醒你：

（1）最好不要去会见网友。网络交友就是一种虚拟世界中的娱乐方式，与游戏不无相似之处，我们在接触的时候应该给自己设一条底线——别将虚拟世界的友谊带回现实世界。就像孙悟空用金箍棒给唐僧画的圈圈一样，可以防止网络中的“妖魔鬼怪”入侵，防止受骗上当。

（2）不要轻易向对方透露关系到你人身安全的真实个人信息。例如姓名、学校、电话、家庭住址以及家庭的经济状况等等。

2.在身边寻找真实的友谊

或许你正苦恼身边没有合得来的好朋友，或者你不知道怎么去和身边的人打成一片，不妨参考以下的建议：

（1）主动去和身边的人交谈，例如你的同桌、同学、学校社团的团友。要知道世界上没有人是不需要朋友的。或许他和你一样都在等待对方主动来说一声“嗨”。建议你带着真诚的笑容，主动上前问候，交流兴趣爱好或者是学校最近发生的小事大事，你也许马上就能交到一个不错的朋友。

（2）朋友间要和睦相处，要学会相互包容、理解、关心。要知道“金无足赤，人无完人”，每个人身上或多或少总有些缺点和不足的地方。当你们发生冲突和误会时，不妨站在他的角度来看待问题，试着在心里问问自己“如果我是他，我是不是也会这样做？”

揭秘网聊交友背后四大骗局

【手法一】：假扮富家公子、青年才俊——谎称自己在家庭身世、物质条件、个人能力等方面具备良好条件，给自己披上“富家公子”或“青年才俊”的外衣，博取对方好感进行诈骗。

【案例】：宋某通过网络认识了多名女性，他虚构了自己是银行或国企的高管，已在新一代公寓购置房产的“金领”身份，骗得女性信任进而骗取钱财。最后东窗事发，人民检察院以涉嫌诈骗罪对宋某提起公诉。

【手法二】：假扮可怜弱女——以楚楚可怜的姿态出现，用种种借口索要钱财，骗取他人的怜悯之心，从而让受骗者双手将钱财奉上。

【案例】：韦某在互联网某聊天室认识了罗某。在聊天中，韦某谎称为妹妹动手术急需用钱而着急，骗取罗某的信任和同情。之后，韦某以妹妹动手术急需用钱、妹妹死亡要和医院打官司等借口，骗得罗某先后九次为其支付人民币10多万元。法院以诈骗罪判处韦某有期徒刑三年。

【手法三】：假装志同道合——谎称自己和聊天对象有共同的兴趣爱好等，投其所好，趁机将受害人诱出进行抢劫。

【案例】：冯某通过聊天室认识了受害人熊某。在聊天中，冯某骗取熊某的信任，相互留了联系电话。随后，冯某和同伙携带事先准备好的水果刀等工具，将熊某约来进行抢劫，从其身上抢得一部手机和一个钱包。最终法院以抢劫罪判处被告人冯某有期徒刑三年。

【手法四】：谎称无所不能——吹嘘自己在社会上有“大能量”，以帮助别人解决问题为由索取所谓的“活动经费”。

【案例】：毛某购买了伪造的武警警官证、居民身份证，搜罗了警服、警帽、警用皮带等警用装备，谎称自己是某公安分局刑警队长，骗得在网络上结识的受害人雷某的信任后，又谎称自己有门路可以帮助他将户口落到大城市，三次骗得雷某及其朋友人民币36.5万元。法院以招摇撞骗罪判处毛某有期徒刑三年。

3. 亲，今天“织围脖”了吗？

欢娱本身并不是罪孽；但是，能带来一定乐趣的东西，同时也会留下比乐趣本身大出许多倍的烦恼。

——[古希腊] 伊壁鸠鲁

心灵故事

丽丽的微博昵称是“LUCY”，目前粉丝人数有100多人。她每天做得最多的一件事情是打开手机网络，打开微博网页，不停地刷新，生怕自己错过什么。她的微博内容一般是写写心情、记录看到的一些好玩好笑的事情或者上传随时拍的一些照片等等。相当于随时直播在生活中遇到的大事小事。例如“今天去喝了一杯好喝的果汁；今天下雨了；今天看中了一双红色的鞋子；今天心情很好……”除此之外，微博里面主要关注一些影星、歌星、主持人等等的近况，转载一些娱乐八卦信息。

丽丽对微博的沉迷到了乐此不疲的程度。不管是在学习的时候，还是在逛街的时候，甚至是吃饭、上洗手间的时候，她都拿着手机低头在刷微博。认识一个新的朋友，她开头第一句话就是：“你有微博吗？加我啊。”如果别人回答“没有”，她就一副你也

太“OUT”的表情，认为对方是个落伍的人。好朋友一起聚餐，只要上来一样食物，她都要立刻拿起手机抓拍几张，附上描述后上传微博。甚至周末家庭聚会，大家一起坐着聊天，她都独自在一边低头刷微博，沉浸在网络中“呵呵”地笑个不停。

心理解码

案例中的丽丽是典型的“微博控”。微博本来是增强人际交往的工具，但是丽丽过度沉迷，和好朋友聚会、和家人聚餐，她都心不在焉。如果长期这样下去，相信朋友们都会觉得和她在一起很无趣，甚至觉得没有必要邀约她来参加聚会。虽然微博上粉丝很多，但现实中朋友们却渐渐地远离她。像丽丽这样的微博控在生活中恐怕不少，也许你读完她的故事就会发觉这个人很熟悉，想想你平时刷微博的情况，或许这个案例写的也是你的故事。

确实，微博等社交网站作为一种新的网络交流方式，受到很多人尤其是年轻人的欢迎。大家可以在上面尽情地抒发自己的喜怒哀乐，也热切地盼望得到他人的分享或评论。但是我们还是要留意区分网络世界和现实生活，不要让虚拟的互联网影响现实中的决定。“织围脖”一定要注意掌握“度”。

1.微博控的特征

每天开电脑第一件事就是上微博，每天发微博10条以上，至少上1~3次，经常无缘由地反复刷新微博。每天持续微博6小时，时长3个月，即为微博成瘾，患上微博强迫症。过度沉迷于微博，离开微博就浑身不自在，出现焦虑、依赖、强迫等心理问题，易导致个体社会功能缺失，个人与现实社会隔离，造成人际关系紧张。

2.微博控分类

根据网友对微博的依赖程度，网上把微博控分为八类：一级微博控达人，只围观不说话；二级微博控达人，遇到兴奋点才回复、转发；三级微博控达人，休息时间全部占用；四级微博控达人，工作时间继续“织”；五级微博控达人，双休日不带休息的；六级微博控达人，熬夜找热点；七级微博控达人，半夜玩命刷粉；八级微博控达人，“织围脖”都住院了。

3.微博成瘾会致两大心疾

别小看微博成瘾，它很可能导致焦虑症和强迫症。

上学上微博，放学也上微博，吃饭玩微博，上厕所也玩微博，一天到晚时刻保持高度兴奋的状态，连休息时间也被微博挤掉。这样往往会导致睡眠时间不足，疲惫，精神衰弱，更严重的会导致焦虑症产生。

这些人的生活已经离不开微博，他们每天都会不自主地上微博，关注微博。微博有粉丝数、关注度，甚至有人想去淘宝批量买粉丝来超越其他人，产生攀比心和嫉妒心，从而导致强迫症等心理疾病。

心灵魔法

（1）一定要明确自己使用微博是基于何种需要，如果是学习需要，学习完成后应尽量少上微博；仅是娱乐需要的，在娱乐消遣达到身心满足后应停止关注微博。

（2）微博既然是随身的网络日记，那写微博写的是一种心态，不要盲目追求别人的认可和追捧，应贴近自己内心来写生活和学习感受。

（3）切忌轻易暴露自己的隐私，例如隐私照片、自己个人的资料。微博也是一些不良分子获得与我们接触机会的途径，尽量避免与一些陌生博友见面。

（4）建立与亲人、朋友之间的密切联系。如果我们在与他人的沟通中能给予并感受到关心和爱，那么生活就充满了很多有意义的事情，自然就不需要靠网络填补空虚和空白了。

（5）多多使用传统的媒体去了解新闻，有利于进行深度思考、集中注意力。例如看看报纸、看看《新闻联播》，了解社会时事、世界大事、热点新闻，通过新闻来了解我们身边的社会以及我们所处的时代和世界。

（6）在一些大的“媒介事件”中，不能光做一个“看客”，也不能做一个“盲目愤怒的看客”，而要有自己的判断、自己的立场，不要轻易被一些观点所左右，被一些言论激烈、有暴力倾向的不法分子所利用。例如一些不法分子在微博上散布一些不实的消息，企图煽动不了解实情的人制造社会动乱。千万要认真甄别，不要去参加这样的活动，也不要去盲目转载这样的不实消息。

心灵自助餐

小测验：你属于哪一种上网形态？

问题	几乎不会（1分）	偶尔（2分）	几乎常常（3分）	常常（4分）	总是如此（5分）
1.你会发现上网时间超过原先预计的时间吗？					
2.你会放下该完成或执行的事而将时间用来上网吗？					
3.你对上网的兴奋感或期待远胜于其他人际互动吗？					
4.你会在网上结交新朋友吗？					
5.你会因为上网而被他人抱怨或指责吗？					
6.你会因为上网而上学或上班迟到、早退或缺勤吗？					
7.你会不自主地检查电子邮件信箱吗？					
8.你会因为上网而使工作表现失常或成绩退步吗？					
9.当有人问你上网做些什么时，你会有所防卫或隐瞒吗？					
10.你会上网寻求情感支持或社会慰藉吗？					
11.你会迫不及待地提前上网或一有机会就上网吗？					
12.你会觉得少了网络，人生是黑白的吗？					
13.若有人在你上网时打扰你，你会愤怒吗？					

（续表）

14.你会因为上网而牺牲晚上的睡眠吗？					
15.你会在离线后仍然对网络活动的内容念念不忘吗？					
16.当你上网时会一再延长自己上网的时间吗？					
17.你有曾尝试缩减上网时间或不上网却失败的经历吗？					
18.你会试着隐瞒自己的上网时间吗？					
19.你会选择把时间花在网络上而不想出门吗？					
20.你会因为没上网而心情郁闷、易怒或心神不宁吗？					

计分：请将每题的分数相加，所得的总分就是你的“网络偏好指数”。

20～39分：尚未网络成瘾，只要坚持合理利用网络，网络也会对你的学习和生活带来很多便利。

40～59分：轻度网络成瘾，注意控制自己的上网时间，多把精力放在其他事情上。

60～79分：中度网络成瘾，已经对网络产生较强的依赖了，请立即从网络世界中走出来，避免越陷越深。

80～100分：重度网络成瘾，请寻求老师或者朋友的帮助，自己也要痛下决心，戒掉网瘾。

4. 学会合理运用网络

有以噎死者，欲禁天下之食，悖。

——《吕氏春秋·荡兵》

心灵故事

16岁的王军以优异的成绩考上了本市重点高中，父母高兴之余，给孩子买了一台新电脑，并安装了宽带网络。王军的爸爸说："买电脑和上网不是为了玩，而是让孩子开阔视野，学习新知识。我已经在一个网络学堂给孩子报了名，让他提前预习高一第一学期的课程，并学习英语和法语。"对于爸爸的安排，王军这么说："我也想把高中课程预习一下，这样开学就能有一个较高的起点，而且网络课堂的多媒体教学效果很好。另外，我一直想学法语，去外面请老师费用高，在网上学法语既经济实惠，又很便捷。"

对于会不会担心孩子上网成瘾这个问题，王军的爸爸回答道："现代人不接触电脑是不可能的，关键在于引导。不能因为网络上有垃圾而一味阻拦。合理利用就可以了，没有必要因噎废食。"王军则说："我和爸爸已经立了'军令状'，在上网时间、上网地点、上网内容上都做了具体的安排。不过，其实这些都是形式，关键在于自己是怎么想的。我认为网络应该是一种为我们的生活服务的工具，玩电脑最终会让我们变成电脑的玩具。”

心理解码

案例中的王军利用网络查找学习资料，参加网络学堂，学会更多课堂外的知识，促进思维的发展，从而提高了自己的学习效果。同时通过网络开阔视野，及时了解时事新闻，获取各种最新的知识和信息，这对他的成长起到了很好的促进作用。

在信息社会飞速发展的今天，互联网正以惊人的速度扩散到我们生活中的每一处，网吧也如雨后春笋应运而生。网络和其他新鲜事物一样，有着“双刃剑效应”。对于青少年来说，网上有许多极为不利的东西，若不正确利用，会对青少年的健康带来负面影响，甚至是诱发青少年犯罪的祸根。但与此同时，网上也有很多有益于身心的东西，如网络学校、网络课堂，即使在天涯海角也能得到名师的指点；有许多适合青少年的知识和游戏；还有各种各样的电子报刊；等等。青少年不能因为网络出现的负面影响而对其进行抵触，只要不放任自流，懂得趋利避害，合理运用互联网，网络将会成为自己的良师益友。

心灵魔法

众所周知，网络是虚拟的，但它也脱离不了现实社会，我们不能把它从生活中踢出去。网络中有垃圾，也有宝藏；有糟粕，也有精华。因此，青少年朋友应该学会合理利用网络。

1.合理安排网络生活

对于青少年而言，上网应采取的原则是：内容要取舍、时间要适度。所谓内容要取舍是指青少年在上网的过程中，应给自己安排有益的网络学习内容，譬如网络图书馆、网络同步课堂等；所谓时间要适度是指青少年要避免长时间坐在电脑前，以免对身体发育造成不良的影响。

2.利用网络培养自己的非线性思维

线性思维方式强调事物的先后顺序，对事物的认识从头到尾均要遵循单一的顺序。而在网络中，大量使用的超文本阅读方法是以网状形式来构筑和处理信息的。它是一种跳跃式的、综合的非线性思维方式。从非线性的角度出发，这种思维方式弥补了传统线性思维所固有的比较狭隘、死板的弊端。因此，青少年在运用互联网时，应注意培养自己的发散性思维，拓展自己的思路，帮助自己正确地看待周围的人和事，树立科学的人生观和世界观。与此同时，还要注意以一种系统的眼光看待问题，积极利用现代化工具去分析问题、解决问题。

3.应用互联网发展自己的创造力

随着国内几大互联网门户网站的迅速崛起，年轻的网络创建者在无形中成为青少年的榜样。网络创业的神话、网络平等的故事激励着大量朝气蓬勃的年轻人。知识与创造力的重要性也越来越根深蒂固于广大青少年的心中。网络中的信息不但极其丰

富，而且更新速度非常快。青少年在这种浩如烟海的信息面前，不能仅一味地获取新知识，看重“博闻强记”，而应该以高度的想象力去创造和运用新知识，培养自己的创新能力，锻炼自己的创新思维。

4. 青少年应利用网络满足自己的学习需求

网络高效、快速、方便、独特的交流方式与当代青少年偏于好奇、乐于幻想、追求独立的要求相吻合。因此，网络一出现，便注定与青少年紧紧联系在一起。网络使得青少年和世界息息相通，使得他们在有限的学习、生活的重压之外获取了更广阔的空间。当全世界缤纷多彩的信息资源刹那间集结在自己的面前时，青少年的视野、心胸将会与以往完全不同，不断接触网络也会满足其交流、沟通和理解等诸多方面的需要。

"90后"利用网络资源开发"刷机精灵"

据羊城晚报报道，广州"90后"大学生雷浪声，毕业还没满一个月，其所率团队开发的手机软件就被腾讯以6000万元人民币的天价全资收购。

雷浪声是一名"90后"大学生，2009年9月，他入读广东农工商职业技术学院游戏专业，这是学校当年新开的专业。在大学期间，雷浪声对手机软件产生了浓厚的兴趣，常利用课余时间临摹手机桌面，上网浏览最新的技术动态。他在论坛上发的手机评测帖子，曾被太平洋网评为精华帖而置顶。雷浪声在学校的交际圈子很小，但是在互联网上却拥有许多资源，他通过互联网认识了创业团队的成员。大二时，他决心毕业后做UI设计（指对软件的人机交互、操作逻辑、界面美观的整体设计）。

2011年暑假，雷浪声与几个在网上结识的80后朋友来到深圳，租了一间终日不见阳光的小民房，组成一个6人团队，开始了手机软件开发之旅。大二暑假还未过完，团队的第一款产品“刷机精灵”第一版本正式上线测试。不久，雷浪声所在团队就得到百万级的天使投资基金。2011年8月中旬，团队注册成立科技有限公司，其中一名队员的网名叫“瓶子”，于是他们就为公司取名为“深圳瓶子科技有限公司”。同年底，雷浪声的团队接受了1800万元投资入股。2012年，百度、盛大、腾讯等互联网巨头开始插足刷机行业，其他的大小竞争对手陆续涌现，面对巨大的行业竞争压力，团队加速产品更新换代，持续保持行业领先位置，赢得国内互联网巨头的青睐和关注。

2012年8月，也就是雷浪声毕业还没到一个月，腾讯CEO亲自出马，以6000万元人民币全资收购雷浪声的公司。

第三篇　无烟花季

燃烧的是烟草，逝去的是生命。

很多青少年朋友都有这样的想法：自己已经长大了，可以去尝试做一些成年人做的事。可往往是涉世不深，社会经验不足，但又对社会有着较高的期望值。面对纷繁复杂的世界，他们难免遭受各种心理挫折，出现心理失衡。误认为香烟可使其暂时失去或忘却不平衡的心理，获得短暂的快乐，即所谓“一抽解千愁”。因此，不计其数的青少年朋友在感到寂寞空虚时，特别钟爱“香烟”。其实所谓“抽烟是成熟的标志，香烟可以排解寂寞与孤独”是一种错误的想法。

青春应该是阳光的、积极的、向上的，而不应该处于香烟的阴霾下。我们正年少，我们正青春，让我们拥有一个无烟青春、无悔青春、健康青春。

1. 寂寞不需要香烟的慰藉

青春应该怎样度过？有的如同烈火，永远照耀别人。有的却像荧光，甚至也照不亮自己！不同的生活理想，不同的生活态度，决定一个人在战斗中站的位置。

——吴运铎

心灵故事

成军上初中后，因为学校离家比较远，开始了寄宿生活。原本在家里衣来伸手，饭来张口，基本不需要料理生活中的大小事。来到学校后，他发现自己的生活自理能力很弱，用他自己的话来说简直就是生活“白痴”。作为独生子女的他，因为家里没有兄弟姐妹，现在要与几个同学一起共同生活，他觉得很茫然，不知道怎么和宿舍同学相处。在共同的宿舍生活中难免有各种各样的小矛盾，他也不懂怎么去处理。一回到宿舍就觉得心情低落、郁闷。

更让他心情不好的是，入学后的几次考试成绩都很不理想。他觉得同学们肯定会看不起他，老师也肯定会认为他是一个糟糕的不上进的学生。每次卷子一发下来，他就扭成一团，塞到包里。因为他很怕被同桌看到自己那个惨不忍睹的分数。因为成绩的事情，他还被爸爸训斥了一顿。他觉得很憋气，没有人能理解自己。

这一连串困难挫折，让成军感到内疚、羞愧，丧失信心。他觉得自己事事不顺心，连个可以倾诉的人都没有。于是他偷偷地学抽烟，想通过抽烟暂时忘记这些烦恼，正所谓“一抽解千愁”。

心理解码

在现实生活中，类似成军的青少年还有许多许多，一部分青少年由于经受这样或那样的挫折之后，心灵深处备感失落，便以香烟作为释放对象，消愁解闷。殊不知，这样做对自己的身体十分有害。

不少青少年误认为在寂寞之时，能够通过抽烟提神、消除疲劳，事实上，这种做法是十分不正确的。长此以来，这些青少年无形之中将会对香烟产生依赖感，不自觉地把香烟作为自己的一种嗜好，一旦感到寂寞，便以此作为其消遣的对象。

青少年容易由于寂寞而抽烟，其原因主要有以下两个：

1.对“压力”的反抗。 压力一般来自学校与家庭，譬如：超出承受能力的作业量，无须解释的强制性命令、不切实际的过高要求、“蒙冤式”的批评、申辩带来的训斥等等。这些对青少年而言均是沉重的压力，青少年会由此而产生紧张、恐惧的心理。而当焦虑、怨恨的情绪无从发泄时，他们便借吸烟来表示反抗，企求在苦闷中得以解脱。

2.对挫折的逃避心理。 青少年学生一方面思想单纯，充满幻想，有较强的进取心和自尊心，一方面又显示出幼稚，缺乏判断力和自制力。因此，一旦遭受诸如学习成绩欠佳、竞赛失败、家长训斥、老师批评等挫折后，便会产生羞愧、内疚的不良情绪。这时若没有人理解他、帮助他，使他摆脱苦恼、重建信心，那么，为了逃避受挫的现实，寻求解闷的途径，他们便会把吸烟作为一种新的尝试，试图在“吞云吐雾”中获得精神上的解脱。

心灵魔法

青少年朋友们要学会正确对待学习、生活中的压力事件。虽然吸烟可能会让你一时忘记烦恼，但是吸烟对身体的危害很大。如果以健康作为代价，实在是得不偿失。应该采用更为健康的、合理的方法来应对压力带来的负面情绪。

1.倾诉法。可以找父母、老师，或是朋友、同学倾诉自己的烦恼和困扰。

2.运动法。压力大或是遇到挫折时，可以通过运动来调节我们的状态。例如跑步、打羽毛球、急走等剧烈运动。

3.积极的心理暗示。当一些不如意或是不顺心的事情发生时，多给自己一些积极的心理暗示。例如"我相信我能应付这些困难""逆境能磨炼我的意志"。

4.课余时间发展兴趣特长。跳舞、唱歌、打篮球、踢足球……在放松身心的同时发展兴趣，绝对是不错的选择。同时学习与特长是相辅相成的，发展兴趣无形中也提高了自身素质，锻炼了能力，为紧张的学习生活打好了铺垫，还能促进学习生活。

心灵自助餐

美文欣赏

寂寞守候

梁实秋说:“寂寞是一种清福。”他只是想摈弃尘世间的渣滓，让心灵放飞于空灵悠逸的境界，而在寂寞中追寻守候属于自己的思想和快乐。陶渊明寂寞地守候是为了自己的世外桃源，李清照寂寞地守候是为了自己的爱情。“梅花香自苦寒来”，没有寂寞的守候和苦待，哪会有“众里寻他千百度，蓦然回首，那人却在灯火阑珊处”的幸福和喜悦？也许千百次回首终不遇，但你要相信，失去了风，你会收获雨；你要相信，寂寞守候的过程是纯洁、美丽、充实的。

可能你守着的是一种不为名利所惑的纯真，守着的是一份不为世俗所磨蚀的信仰，守着的是一个平凡的工作岗位。你甘于寂寞，不为名和利所左右。你守着的是做人的原则，虽寂寞，但内心踏实和坦荡，这是一种问心无愧的寂寞，无须愁眉不展、提心吊胆。

可能你候着的是知心朋友的友情，候着的是一份缠绵悱恻的爱情，候着的是血脉相连的亲情。你甘于寂寞，不去结交狐朋狗友，不去寻花问柳。你候着的是人世间的真情真义，虽寂寞，但充满希望和幸福，这是一种亲切温馨的寂寞，无须香腮挂泪、辗转难眠。

寂寞守候，这种寂寞不是为寂寞而寂寞，而是为了追求守候一份真实、一种信条、一种感情而不得已的寂寞；守候寂寞，这种寂寞却是为寂寞而守候，寂寞是自己主动追求守候的目的。

“驿外断桥边，寂寞开无主，无意苦争春，一任群芳妒”，梅花尚知寂寞等候属于自己的灿烂季节，为什么有那么多人疯狂地期盼着疯狂，那么多人寂寞地守候着寂寞？不管花开花落、云卷云舒，不管斗转星移、潮涨潮退，你都能寂寞地守候着自己的感情、自己的责任、自己的信仰、自己的良心吗？只愿你的守候不寂寞，更愿你不再守候寂寞。

2. 抽烟≠成熟

成熟是一种明亮而不刺眼的光辉，一种圆润而不腻耳的音响，一种不再需要对别人察言观色的从容，一种终于停止向周围申诉求告的大气，一种不理会喧闹的微笑，一种洗刷了偏激的淡泊，一种无须声张的厚实，一种并不陡峭的高度。

——余秋雨

心灵故事

小强个性温和乖巧，平时在学校遵规守纪。一直以来他都是妈妈眼里的乖宝宝，老师眼里的乖学生。有一次妈妈为他整理书包时，发现了藏在夹缝里的香烟，这个发现让妈妈非常震惊，没想到这么乖的小强居然在学抽烟。据班主任反映小强最近总是和班上一群比较调皮的学生在一起玩。刚开始妈妈对小强的抽烟行为进行了批评教育，并让他写了反思书。但是才过了两个星期，又在小强换洗的裤兜里发现一支烟。小强的屡教不改使她深深意识到问题的严重性，所以并没有像上次那样狠狠地教训他，而是忍住怒气和伤心，仔细盘问儿子究竟是怎样学会抽烟的。

“班上很多会抽烟的男生经常一起买烟抽，他们经常在我面前喜气洋洋地炫耀，并总是声称抽烟的感觉有多棒，并说不抽烟的男生并不是真正的男生、不是成熟的男生。”听了儿子的回答，妈妈感到异常震惊。“抽烟多神气，多有气派，这才是男子汉风度哩！以前我在班上朋友不多，现在大家一起抽烟后，同学们关系好多了。”

心理解码

案例中的小强受到班上一些调皮学生的影响，认为抽烟是成熟的一种标志，把抽烟当作一种交际手段，通过抽烟找到认同他、接受他的群体。其实这是一个十分错误的观点，一个人成熟与否跟抽烟毫无关系，相反，想要通过抽烟来证明自己的成熟就是一个不成熟的想法。

在现实生活中，像小强这样的青少年不止一个，他们认为抽烟是成熟的一种标志。尽管烟一点儿也不好抽，刚开始接触的时候且不说有一种怪味，稍稍地抽上一口还会呛得咳上一阵子，但是在青少年的视野里，抽烟代表着成熟，代表着认真思考。认为做个大男人必须要抽烟，电视或电影中不计其数的大人物的形象仿佛正恰如其分地说明了这一点。他们对偶像的言行举止常常表示羡慕并进行模仿，当然也包括偶像吸烟的“优美”姿态和“潇洒”风度。他们认为自己若与他们一样吸烟，不仅拉近了与偶像的距离，还标志着自身的“成熟”。因此很多的青少年对香烟拥有着一种特殊的情结，那就是小孩子想装大人的理想。

调查发现，34.3%的人在15~18岁时抽了第一口烟，39.3%的人在19~25岁间开始抽烟，二者相加，即超过七成的人是从青少年时期开始吸烟的。与此同时，也有近70%的人承认，自己是在19~25岁间养成了吸烟的习惯，并保持至今的。而且44%的青少年认为自己抽第一口烟仅仅是因为“觉得好玩、好奇”；20.3%的青少年认为其抽烟的原因是“装酷，这样一来将会拥有成熟感”。在他们的意念之中，并没有把自己当作一个青少年看待，而是觉得只有接触香烟，接触所谓的“尼古丁”，才能使自己趋于成熟。

事实上，判断一个人是否成熟，主要是考查其言语、行动和举手投足之间的真正内涵，与抽不抽烟没有任何关系。真正的成熟不仅是年龄与阅历的增加，还是理性、智慧、纯真与道德的统一。如果企图通过抽烟来证明自己是否成熟，从原则而言，这本身就不是成熟的表现。

追求成熟感是青少年抽烟的心理因素之一，青少年时期是自我意识迅猛增长的时期，几乎从少年时代开始，他们已感觉到自己仿佛是个“大人”了，这种强烈的成人感和独立感，促使他们把吸烟当成成熟、长大的标志，并产生强烈的模仿欲望。事实上，成熟的标志不仅包括生理方面的成熟，还包括心理方面的成熟，与是否抽烟毫无关联。

心灵魔法

1. 价值改变

许多中学生吸烟是为了自我显示，表示自己具有真正男子汉的成熟形象和风度。其实吸烟有损于中学生的纯真形象，吸烟只会让他人产生厌恶感，显示出的是青少年具有不良品行的倾向。因此要建立新的价值观念，有效地做到不再吸烟。

2. 切断消极影响源

一部分学生是在同学或同伴的吸烟行为的影响下开始吸烟和逐步学会吸烟的。实际上，同学或同伴的吸烟行为成了一种强化吸烟的因素。采取割断消极影响源的措施，在一定时期内不与吸烟的同学或同伴接触，可防止复发吸烟行为的发生。经过一段时间的巩固以后，已有一定的分辨力和抵制力，就不易再受别人的吸烟行为影响。

3. 真正的成熟是理性、智慧、纯真与道德的统一

如果你想要变得成熟，那不妨看看以下的几点建议。

(1) 学会宽容

宽容不仅象征成熟，宽容更是一种境界。伏尔泰说："我们所有的人都有缺点和错误，让我们互相原谅彼此的愚蠢，这是自然的第一法则。"

(2) 与人为善

能在日常生活中与同龄人建立和谐的人际关系，包括同性朋友和异性朋友在内。

(3) 接纳自己

接纳自己的身体和容貌。不过分炫耀自己的优点，也不过分掩饰自己的缺点。

(4) 学会独立

情绪表达渐趋成熟独立，不要事事依赖父母。

(5) 不以自我为中心

成熟的人尊重自己，更懂得尊重他人。他们善于换位思考，会站在别人的立场上来考虑问题，不强求别人迁就自己，善于同别人合作。

(6) 有学识而含蓄内敛

"腹有诗书气自华"，多多读书，接受新事物、新信息，不断丰富自己的内涵。

美文欣赏

成熟是生命的一种高度

张迪

（节选自《语文世界（中学生之窗）》2010年07期，选入时有改动）

人们往往喜欢追求一种境界，那便是成熟。

成熟，是一种深刻的生命进程，是自身的不断完善，是思想的升华，灵魂的深化，是生命的超然，人格的飘逸。

成熟，绝不是老于世故和故作深沉。人，可能在岁月的流逝中成熟，而岁月的积累绝不等于你已经成熟。成熟，不是简单的时光放逐。当你意识到你成熟时，可能是一种表象掩盖和装潢了你的幼稚，而当你认为自己依然幼稚时，或许，无形中你已在真正意义上变得成熟。生命，本就这样在矛盾中不断推进。有的人，可能永远不会成熟，这是一种悲哀却并非偶然。因为，成熟是生命的高度，不可能每个人都能轻易达到。

成熟，需要你付出代价。成熟，是历经无数世事的更迭、沧桑的变故悟出审慎的机敏和理性的升华。红叶经霜而赤，蜡梅沐雪而馨。自然界的风霜雨雪造就和净化了它们的灵魂，使它们走向生命风景的极致。不然，怎么有“晓来谁染霜林醉”“梅花香自苦寒来”的千古绝唱！人，同样如此。

生活的平静和安定，算不上是一种幸运和幸福，相反，人生的一些苦和悲，却是一种永恒的财富。苦难竖起信念的丰碑，风浪扬起强者的风帆。一切一切的挫折困苦不断更新灵魂。人，也就是这样不断成熟起来的。

3. 女生吸烟真的很酷吗?

青春是奇异的,我看到少女们浪费青春,就替她们伤心,实在是无比的罪恶。

——[英国]萧伯纳

心灵故事

李凌是个个性女生,耳朵上穿了两三个耳洞,还把头发剪得很短,远看还以为是男孩子。这个假小子已经有两年的烟龄了。

因为抽烟问题屡教不改,班主任建议她去找心理老师。心理老师问她为什么那么喜欢抽烟?她说:“一开始也就是好奇,看到男生吸,就想知道吸烟到底是什么感觉,想知道当‘坏孩子’是什么滋味,尝试一下。后来看了一部香港片《志明与春娇》,电影里那个女主角春娇抽烟的姿势太有型了,还因为抽烟收获了一段浪漫的感情。之后我就决定要学会抽烟,偷偷买了一包烟试着抽。说实话一开始呛得很,后来几个抽烟的男孩子教我如何吸烟。现在我一般都是在有压力、心情不好、烦闷的时候抽,很好的朋友一起聊天、聚会的时候也容易抽两支。而且很多人都觉得我这样有型、够酷。”

她还拿出一包包装精美、颜色淡雅的烟盒,抽出一支细细的烟,“这是女士香烟,我

托在外国读书的表姐帮我带了两包，没有什么身体伤害的。人家外国的女性都吸女士香烟，包装高级、很时尚。我们国内也有些女士烟，包装品味稍微差点”。

心理解码

案例中的李凌因受到影视荧屏中抽烟女性形象的影响，认为抽烟的女性更加前卫、外向。其实这是一个极其错误的认识，抽烟不能代表一个人有无个性，如果只想通过抽烟来证明自己是个性的，那本身就是一种随大流的表现。女生抽烟并非就像影视荧屏中所看到的，受到男性的认可和喜欢。事实上，在现实生活中，绝大多数男性是不能接受女生抽烟的，即使他本人也抽烟。

1.女孩吸烟真的很酷?

在这个追求个性的时代，想与众不同的女性自然会寻求一些非传统的方式来表现自己。她们不一定真喜欢吸烟，而是以它作为表现自己的一种方式。从性格上看，这部分人喜欢成为众人的中心。同时，很多女生认为通过抽烟可以和男性打成一片。对在校女生来说，吸烟更是作为一种文化吸引着她们。有这样一段对抽烟女人的描述：“没有伤痕的女孩是不会爱上吸烟的……”“一个神情忧郁的女子，坐在冬天忧郁的场景里吸烟……”文艺作品里，那些失意的女性常借吸烟来演绎所谓魅力和诱惑，这些，难免会让一些女孩希望借着烟来营造一种落寞的情境或是感受忧郁的美。当然，也有的女生吸烟是为了减压。过大的压力，让她们点燃了手中的香烟，借着尼古丁的麻醉功能，可以让自己暂时缓解压力。吸烟是她们逃避问题的表现，这种消极的做法，在心理学上被称为“自毁行为”。

2.深度剥开“女士烟”的包装

在香烟市场上，针对女性的香烟花样翻新，水果口味、薄荷口味的女士烟很受女性的欢迎，共性是：大都包装小巧、纤细，以淡雅、柔和的色调为主。很多烟草商的宣传重点就是女士烟的“低焦油和高品位”。“实际上，世界上没有安全的香烟，任何形式的烟草都能吞噬生命。”专家表示，一些女性以为吸食低焦油卷烟可减少危害，而医学研究表明，低焦油卷烟非但没有使肺癌发病率下降，反而因为吸低焦油卷烟导致吸烟的次数和支数增多、深度吸食加大，致使肺癌发生的危险性随之增加。世界卫生组织《烟草控制框架公约》第十一条也专门指出：“淡味”“低焦油”“超淡味”和“柔和”等术语是虚假的和误导性的。吸烟严重危害健康是不争的事实，而女性吸烟则害处更多。

3.女性吸烟危害大

由于女性有孕育后代的生理特点，所以其遭受的危害较男性更为严重。也就是说，吸烟伤害男性的方面，全都适应于女性，除此之外，吸烟还额外给女性带来诸多伤害。

（1）影响容貌

吸烟的女性皮肤比不吸烟女性要显得衰老。这是因为尼古丁能降低女性雌激素的分泌量，刺激微血管收缩痉挛，导致皮肤供氧、供血不足，加速女性衰老。据日本《每日新闻》报道，吸烟女性与不吸烟的女性相比，皮肤年龄会老5岁。

（2）吸烟与痛经

与非吸烟者相比，每天吸10~30支卷烟的妇女患痛经的危险率是前者的2倍。许多吸烟者都这样说，吸烟令人感到“轻松”“减缓紧张的情绪”，使他们“感觉良好”。但是，意大利米兰大学的研究表明，这种暂时的“轻松”可以引起痛经。

（3）吸烟与不孕症

吸烟使女性卵子的受精率大大降低。吸烟女性与不吸烟女性相比，患不孕症的可能性要高出2.7倍，如果丈夫也吸烟，情况就更糟。统计表明，吸烟的夫妇不孕的可能性比不吸烟的夫妇高5.2倍。

心灵魔法

女生们要明白个性不等于抽烟，抽烟对我们的健康有致命的危害，因此请远离香烟。想成为个性女生的你可以看看以下的几个建议，或许会让你明白怎么才能修炼成真正的个性女生。

1.自信

一个有个性的女生应该是自信的。她不需要香烟的装饰，不需要用奇装异服去掩饰内心的脆弱和自卑。她对自己有正确的认识，了解和接纳自己的优点和缺点。不会因为别人一两句无心的评价而受到打击。

2.有主见

一个有个性的女生应该是有主见的人。她对很多事件、人物有自己的看法，而不是人云亦云。要做到有主见，就要多读报、多看书，多学会自己思考一些社会现象，多听取不同的观点，自己去辨别与取舍，通过事件的表面看到实质。

3.不为反对而反对

一个有个性的女生绝对不会为了反对而反对。确实很多标榜个性的女生都不喜欢随大流、服从大众，随大流就显得太平凡。但是她们并不明白为什么不能随大流，而是变得只要是父母说的、老师说的、社会大众的标准，她们都去反对。为反对而反对是毫无意义的。对很多传统观念、父母老师的意见，如果是正确的就应该认真听取；对他人的观点要学会“取其精华，去其糟粕”。

4.有责任感

一个有个性的女生应该是有责任感的。她对自己负责，不让自己虚度青春，不让自己沾染不良恶习。她对身边的人负责，不让关心自己、爱自己的人为她伤心难过。

5.求知欲

一个有个性的女生应该有学习和接纳新事物的能力，对很多未知的事情抱着学习的态度。那些只懂香烟、只懂穿衣打扮、只懂明星八卦的人，充其量算是追逐潮流而已，绝对算不上是个性女生。

6.做自己的代言人

一个有个性的女生应该是自己的代言人，敢于表达自己的观点和想法。她不相信沉默是金，不做群体里的附和者，不做群体里沉默的羔羊。

心灵自助餐

个性的价值

他是一位天才的书法家，9岁时参加日本青少年书法展，就在东京掀起一股旋风。4幅作品，全部被私人收藏，总价值1400万日元。当时，日本最著名的书法家小田村夫曾这样预言：在日本未来的书坛上，必将会升起一颗璀璨的新星。

20年过去了。一些寂寂无闻的人脱颖而出，而他却销声匿迹了。是谁断送了这位天才的前程？2002年九州岛樱花节，小田村夫专门拜访这位小时候名震四岛的天才，在看了那位天才书法家的作品之后，仰天长叹，说了这么一句话："右军啊，你毁了多少神童！"

右军是谁？右军是王羲之，1600多年前的中国大书法家。小田村夫为什么说是这位书法大家毁了他们的神童呢？原来这位小神童临摹王羲之的书帖成瘾，经过20年的苦练，把自己的书法磨得一点个性都没有了。现在他的字与王羲之的比较起来，几乎能够达到以假乱真的程度，可是自己的东西呢，一丝都找不到。在鉴赏家眼里，他的书法已不再是艺术，而是令人生厌的仿制品。

一个天才因模仿另一个天才而成了庸才，这不是书法界里独有的现象，它存在于人类社会的各个行业。现在政治、经济、文化乃至江湖领域，大师级的人物之所以寥若晨星，我想绝不是因为在这些领域中天生的庸才太多，而是有太多的天才因模仿成了庸才。

心灵提示：千万不要丢失自己的个性，那是一个人唯一真正有价值的地方。纵观古今，凡是成就了一番事业的人，都是坚持自己的个性和特色，敢于从流俗和惯例中出列的人。

4. 戒烟兵法

当地烟，外国烟，成瘾苦海都无边。前人唱，后人和，饭后一支，神仙生活，错！错！错！

烟如泪，人苦透，咳嗽气喘罪受够。喜乐少，愁苦多，一朝上瘾，终身枷锁，莫！莫！莫！

——《戒烟歌》

心灵故事

一天放学后，晓涛和几个好朋友相约去小河边玩。走到人少的地方，一个同学神秘地拿出一包香烟，悄悄地说“从我爸那里偷偷拿的，都试试”，就给每个同学递了一支。刚开始晓涛还犹豫了一下，但是看到几个同学都开始“潇洒”地抽起来。他觉得蛮好奇的，就把打火机接过来，并把香烟给点燃了。开始吸的时候，他还觉得挺难受的，有点呛的感觉。但是看到其他的同学都吸得挺兴奋的，就也没说什么。后来他们几个同学聚会时，总是会有同学带香烟过去，他也都没有拒绝。为了表明自己不吝啬，有一次他也偷了爸爸的一包烟去跟同学分享。

现在晓涛上初三了，才15岁就已经有了四年的烟龄。以前上小学的时候也只是周六、周日的时候偶尔抽抽。到初中后发现班上的同学抽烟的不少，胆子也大了起来，偷

偷带烟到学校，经常几个人躲在人少的厕所吸烟。

晓涛说以前抽烟是玩玩而已，现在一个上午只要没有抽烟，感觉上课精神都很差。上午下午必须抽至少两支烟，否则学习都提不起劲。

心理解码

案例中的晓涛读小学五年级时因为好奇尝试了抽烟，之后因为同伴影响断断续续接触香烟，但是日久就上瘾了。从偶尔抽抽到不抽不行，甚至还影响到他的上课状态。可见晓涛已经有抽烟上瘾的倾向了，要及时戒烟，否则会过度沉溺其中，不仅对学习有影响，还会给他的生理、心理带来一系列危害。

事实上像晓涛这样的同学并不少见。有些同学在小学高年级就已经开始了抽烟这一不良行为习惯。初中生、高中生的吸烟比例则更大，而且一般都是男生。吸烟，日久则上瘾。而且根据调查，吸烟的同学的学习成绩明显低于不吸烟的同学。有些同学没有经济来源，吸烟的钱多是通过欺骗家长或者偷家里得到的；有些同学，是通过威胁、欺诈较为弱小的同学，甚至偷盗他人财物而来。

吸烟不但影响了他人，污染了校园环境，对学校教育造成困难，而且使得同学们在人格、道德和荣辱感上逐渐沦丧，使之在遵纪守法的道路上越走越远。

吸烟的危害对于正处于生长发育的青少年朋友来说很严重，烟草中的有害物质如尼古丁等，严重侵蚀着他们稚嫩的身体，影响着他们身体的正常发育。长期吸烟，使得他们对烟有了依赖性，不吸烟就心烦意乱，影响注意力和记忆力。

每个瘾君子都不是天生的，相信每个同学也不是打心底喜欢吸烟的，青少年吸烟往往出于以下几方面原因。

从众模仿：随着身心的逐渐发育成熟，青少年处处以成人自居，看到许多长辈吸烟饮酒，便认为“只有吸烟饮酒才是大人样”，于是就模仿起来。

出于好奇： 青少年好奇心强，看到别人吞云吐雾、怡然自得，便想亲自体验一回“活神仙”的滋味。

他人影响： 青少年重友情，讲“义气”，朋友都抽烟，若自己不应酬，便觉得“掉价”，于是在你来我往中就吸上了。

逆反心理： 有些青少年对正面宣传产生逆反心理，你越是劝阻，他越是跃跃欲试。

侥幸心理： 尽管知道吸烟饮酒有害健康，但一些人心存“不吸烟照常得肺癌”“吸烟的未必个个都得癌”的侥幸心理而照吸不误。

寻求解脱： 一些青少年在学习、工作和生活中受到挫折，如失恋、考试落榜、待业无助、人际关系紧张等，就借饮酒吸烟来寻求解脱，以此消愁解忧，逃避现实。

作为“工具”： 有些青少年常在无聊时喝酒或“抽支烟解解闷”；上厕所时抽支烟“熏熏臭气”；看书、写作时，尤其是开夜车时借抽烟“提提神”；或满足一时乐趣、刺激，以获得充实感等。久之则成为陋习。

因此说青少年吸烟、饮酒的习惯，很大程度上是一种习得的持续性的不良的行为模式，一旦开始，就会为了满足自身生理和心理的依赖，而将这种陋习维持下来。

心灵魔法

1.战胜烟瘾，彻底戒烟。 从戒烟之日起，目标是战胜烟瘾，直至戒烟成功。减少烟量不是戒烟的有效方法，尼古丁成瘾的吸烟者需维持一定浓度的尼古丁水平，降低就会出现戒烟综合征。如果你能战胜戒烟最初几天的吸烟渴望以及战胜周围存在的许多诱惑，不屈服于烟瘾，你很快便能戒烟。

2.替代法。 当想抽烟时，用别的东西代替，转移兴趣的方向，如口香糖、瓜子等。

3.回避法。 戒烟的最初两周往往是最容易复发的危险期，应避免接触主要的烟刺激物或场所，如避免会见烟友、参加聚会等。

4.厌恶疗法。 采取一定的措施，从喜欢吸烟转变为讨厌吸烟，一旦形成讨厌吸烟的倾向，就不会去抽烟了。如观看主人公因吸烟而死于肺癌的电影，或其他现身说法的教育，或看因烟头而导致的特大火灾现场，看后确实感到害怕、感到吸烟的危害性，从而厌恶吸烟。

5.推迟法。推迟是一种策略，能很好地用于减弱惊慌和恐惧的感觉。可告诫自己“仅这一分钟，一小时或一天不抽烟”，而不是永远不再抽烟。在这一段时间过后，再推迟抽烟的时间。

6.改变生活方式。改变生活方式有助于戒烟，尤其在戒烟开始的第1~2周内。这有助于建立新的习惯，如游泳、散步等。你应该奖励自己成功的每一步，这样就不会感到失落和悲哀了。

心灵自助餐

1. 戒烟综合征

戒烟综合征是指因吸烟者长期吸入含有尼古丁的烟叶制品，当中断吸烟后所出现的全身软弱无力、烦躁不安、呵欠连作、口舌无味，甚至心情不畅、胸闷、焦虑、感觉迟钝等一系列瘾癖症状。吸烟对人体的呼吸、心血管、神经系统均有不同程度的损害，它是癌症、慢性支气管炎、肺心病、胃及十二指肠溃疡、肝硬化等多种疾病发病率和死亡率增高的重要原因之一。

2. 戒烟反应对付法

头晕时洗脸、淋浴；嘴里难受时漱口；喉咙干时喝茶、咖啡；实在想抽时叼烟斗、嚼口香糖；焦虑胸闷时做10次深呼吸；感到无聊时听音乐、深呼吸；疲倦时深呼吸、休息；失眠时喝牛奶、放松身体；等车等人时吃瓜子、嚼口香糖；等等。

3. 戒烟的秘密

只要停止吸烟1小时，人体血液中的尼古丁成分就会下降3/4；停止吸烟72小时，尼古丁在人体内的反应就会完全消失！许多人之所以无法摆脱烟瘾，并不是因为生理上的依赖，而是心理上的依赖，是因为我们内心的恐惧。我们恐惧一旦离开香烟，就无法应对生活的压力；我们恐惧一旦离开香烟，就会觉得非常无聊，注意力也会下降；我们恐惧一旦离开香烟，就会脾气大发，情绪不佳；不过，最让我们恐惧的还是戒烟无法成功，只能一辈子做烟瘾的奴隶！

香烟依赖自我评估量表

指导语：下面是关于吸烟的一些问题，请根据您的实际情况回答。

0—不肯定或没有　　1—有　　2—有时　　3—经常

1. 我一会儿不抽烟，烟瘾就会犯。

2. 有时一根烟没有抽完，不知不觉又点上了另一根。

3. 我有时意识不到自己正在抽烟。

4. 当手头没有烟时，我有一种难以忍受之感，一定要搞到烟才罢休。

5. 我发现要做到一个小时不吸烟是很难的。

6. 我常常不知不觉就把烟点上了。

7. 哪怕一会儿不抽烟，我都难受。

8. 当我在不吸烟时就老想关于吸烟这件事。

9. 要我一周不吸烟很难做到。

说明：分数相加的总和称为依赖分，分数越大依赖性越大；6~12分为轻度依赖，13~20分为中度依赖，超过20分为重度依赖。吸烟者对尼古丁依赖性越大，戒烟越困难，但是，只要你有信心改变自己的不良嗜好，坚持努力，就一定能够成功。

第四篇　青春无酒

我国是世界上最早酿酒的国家之一。从古时候起就有很多咏酒的诗篇，民间也有很多跟喝酒有关的习俗。加上其他种种原因，饮酒在我国是一种广被社会接纳的行为，这种文化在很大程度上影响到青少年的饮酒行为。甚至，青少年饮酒行为及其潜在威胁在我国一直未得到很大重视。

青少年饮酒和由饮酒引发的各种问题早已成为世界各国关心的重要问题。有资料显示，饮酒行为与青少年的许多问题行为（如违法犯罪、吸毒等）有极大的关联性。

1. 举杯消愁愁更愁

抽刀断水水更流，举杯消愁愁更愁。

——[唐]李白

心灵故事

小郑发育比同龄人都稍微迟一些，个子小小的，讲话童声童气的。班上同学都把他当成小弟弟，女孩子们都喜欢和他聊天，男孩子也喜欢开他玩笑逗他玩。不知道什么原因，最近一段时间，只要同学开他玩笑，他就暴跳如雷，特别是有些同学摸他的头，他差点就扑上去和同学打起来。渐渐地同学们都不和他打闹了。但他的情绪越来越差，一个人坐在教室里不和任何人说话。

上周一早上上学的时候，很多同学都闻到他身上有酒味。老师听到同学反映后找他来谈心。刚开始小郑只是低着头沉默不语，在老师细心的开导下，小郑才道出实情，其实他因为心情烦闷，最近几个周末都在家里偷偷喝酒。早上出门的时候，一起床感觉心里很郁闷，又喝了一罐啤酒。他喝酒的原因有两个：一个是父母最近在家吵架，闹离婚；一个是同学们老开他玩笑，让他感觉很糟糕，他也希望能像其他男同学那样快点长高长壮。

心理解码

案例中的小郑因为父母感情不和，心情烦闷；而且又因为自己发育比较慢而怀有自卑感。他觉得这些事情关系到家庭隐私，关系到他的自尊心，所以不愿意向人倾诉，选择自己闷在心里，企图通过酒精的麻痹来逃避现实中存在的难题。其实在这竞争激烈的大千世界，有困难、挫折是正常的，有心理问题或人格缺陷并非不可改变，但绝不能采用饮酒的消极方式，以牺牲身心健康为代价。我们必须认真对待心理压力问题，并及时地、适当地通过情绪调节来缓解，为它找个出口，它就不会给精神带来太重、太大的伤害。

少男少女正处于青春叛逆期，在这样一个生理、心理发育的特殊阶段，不少心理上的因素导致或助长了青少年的饮酒行为。比如失恋、心理压力等因素都是促使青少年“借酒消愁”的原因之一。而且处于青春期的少年一般自信心很差，饮酒是他们逃避现实的一个手段。很多青春期的女孩对自己的感觉都很糟，而饮酒能使她们觉得自己更漂亮、更聪明……至少，她们可以由此不在意很多东西。

1．举杯消愁愁更愁？ YES

唐代诗人李白有诗云：“抽刀断水水更流，举杯消愁愁更愁”，说的就是惆怅之人举杯痛饮，原本是为了消除心中的烦恼，哪知结果却愁上加愁。不过，从古至今人们也多习惯“借酒消愁”的说法与行为，目的自然是希望借助酒精的麻醉来解除心中的苦闷，曹操的“何以解忧，唯有杜康”就是很好的例证。

而美国一些科学家经过实验后认为，当人们处于情绪低落等负面情绪时，试图通过喝大量的酒来消除心里的不快乐其实是徒劳的，甚至可能加重内心的惆怅和焦虑。这主要是因为酒中的乙醇或可使人们在创伤后出现应激障碍，从而导致很难走出悲伤。如此来看，诗仙李白当初的论断还是很符合科学结论的。

2．饮酒帮助睡眠？ NO

相信不少人都有在临睡前来上一杯美酒以便依靠酒精来更快入睡的习惯。但英国一些研究人员经过研究后发现，酒精对于睡眠并没有促进作用，相反还可能导致人们的失眠更为严重。具体来说，饮酒后，人们借助于酒精的作用，确实可以达到尽快入睡的效果，但酒精容易打乱人们的正常睡眠规律，无法改善睡眠质量，此外，酒精还令人们深层睡眠时间缩短，导致其在醒来后依旧精神萎靡。所以，如果想要第二天神清气爽，建议在临睡前不要大量饮酒。

3. 从心理角度看举杯消愁

在心理因素上，饮酒者常常是为了解除苦闷、紧张、焦虑和抑郁等不良情绪而开始饮酒，饮酒很快使人感觉不到紧张和恐惧，因为酒精是一种使人放松和反应迟缓的镇静剂。但是酒精滥用和抑郁症是互为因果的恶性循环关系，滥用酒精是一种持续发展的精神疾病，酒精中毒是性格缺陷或环境适应不良的结果。

从心理学角度看，饮酒是一种心理防御机制，因为人们通过饮酒消除了忧虑烦恼和紧张恐惧，通过饮酒寻回一点心理平衡。然而，这种免受心理伤害的做法是建立和维持在饮酒的基础上的，一旦离开酒的掩饰和支撑，一切就会化成泡影，回归到现实中就更加失落了。因此采用这种防御手段的后果是愁上加愁，病上加病。

心灵魔法

(1) 面对困难、压力，理智的做法是积极求助亲朋好友、师长。如果他们不能解决问题，或因顾及隐私不便透露，就应寻求专业的心理咨询或心理治疗。

(2) 多参加文体活动。文体活动能调节心境，舒缓压力。运动能够增强血流量，包括脑血流量，并且运动本身倡导了一种积极向上的精神，尤其是团队合作性的运动项目，这些都有助于缓解紧张和压力。但是，运动量应该要掌握适宜的原则。

(3) 当我们遇到困难、挫折、逆境、厄运的时候，运用一下反向心理调节，从不幸中挖掘出有幸，使情绪由“山穷水尽”转向“柳暗花明”，摆脱烦恼。

(4) 厌恶疗法。想象一下酒醉后在大庭广众面前做出丑态百出的表演，酒醒后要怎么面对亲友同学。

心灵自助餐

对着自己微笑

刚刚参加工作，我不免有些紧张，最怕看那一张张面无表情的脸。这时，有一位30岁左右的女同事很快引起了我的注意，因为她是这里第一个向我微笑的人。看到她那张清秀的挂着微笑的脸，这一整天我的心情就格外的好。慢慢地我发现，她有一面精致的小镜子，每当午休时，她都拿出来照一照。她会独自一个人对着镜子微笑。有一次，我忍不住问她：“你为什么看起来总是很开心？”她听了我的话微笑了一下，给我讲了一个她自己的故事。

三年前，她得了乳腺癌，做过切除手术后，丈夫就和她离婚了。望着只有五岁的女儿，她泪流不止。她的丈夫抛弃了她，在她最需要关怀的时候。她以泪洗面地度过了很长一段日子，感觉天空都是灰色的……

有一天，她站在镜子前，看到镜子里映出了一张陌生的脸，那张脸苍白得没有一丝血色，显得呆板、苍老而又茫然。她吓了一跳，这哪里是自己那张年轻、俊美的脸啊！她努力冲镜子笑了一下，那张脸明显有了一丝生机；她又笑了笑，那张脸有了神采，变得美丽起来。她的心情也随之振奋了一下。“难道我就这么幽怨地过下去吗？”她对自己说，“绝不！无论发生什么事情，我都要坚强、快乐地去生活。”她痛下决心。

此后，她常常对镜子中的人笑，那人也就对她笑。她用业余时间搞文学创作，发表了许多文学作品，也收到大量的读者来信，她活得很充实。她的工作做得也非常出色，每年的年终都能拿到很多奖金。她和周围的人相处得很好，因为她常常对人们友善地微笑，人们也同样回报她以微笑。

听了她的故事我明白了一些道理。懂得对自己微笑的人，她的心灵天空将随之晴朗；懂得对生活微笑的人，将会得到一个美丽的人生。这个对镜子微笑的女人，走出了心灵的低谷，相信未来是洒满阳光的日子，成为一个真正懂得生活的人。

心灵提示：遭遇逆境时，将注意力集中于负面的方式是很危险的，这会强化人们对挫折的印象，加剧对困难的恐惧感，使自己陷入失败的泥潭中不能自拔。因此要懂得笑对人生中的挫折，以积极乐观的态度去面对。

2. 无酒不成席？

生命不可能有两次，但许多人连一次也不善于度过。

——［法］吕凯特

心灵故事

期末考试结束了，小俊和班上的几个好伙伴决定去KTV“放松放松”。刚开始几个同学唱歌的唱歌，玩游戏的玩游戏。不知道谁提议说“玩游戏没有处罚多无聊，要不输了就罚喝酒”，大家都一致赞同，KTV包厢里气氛立刻热烈起来。小俊经验老到地说“只喝一种酒多无聊，要不弄个‘深海鱼雷’怎么样？”然后拿起啤酒瓶在空了的杯子里倒了半杯，又拿起另一边的白酒倒进去。“哈哈，这次谁错了就一口喝掉‘深海鱼雷’！”大家一听都在旁边跟着起哄，玩得很起劲儿。

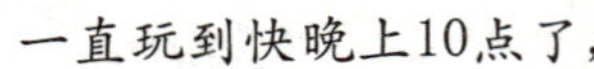

一直玩到快晚上10点了，大家都喝得东倒西歪。尤其是小俊喝了几杯“深海鱼雷”后，头就一直晕晕的，还跑到厕所里吐了。怕回家晚了挨骂，大家才互相道别回家。小俊也不知道怎么回到家的，一进门就昏了过去。父母赶紧将他送到医院，这时他口吐白沫，已经完全昏厥。医生检查发现，小俊的目光呆滞，属于重度酒精中毒，有双目失明的可能。后来立即进行紧急抢救，小俊终于苏醒过来，但脸色很苍白，还不时说头很痛。

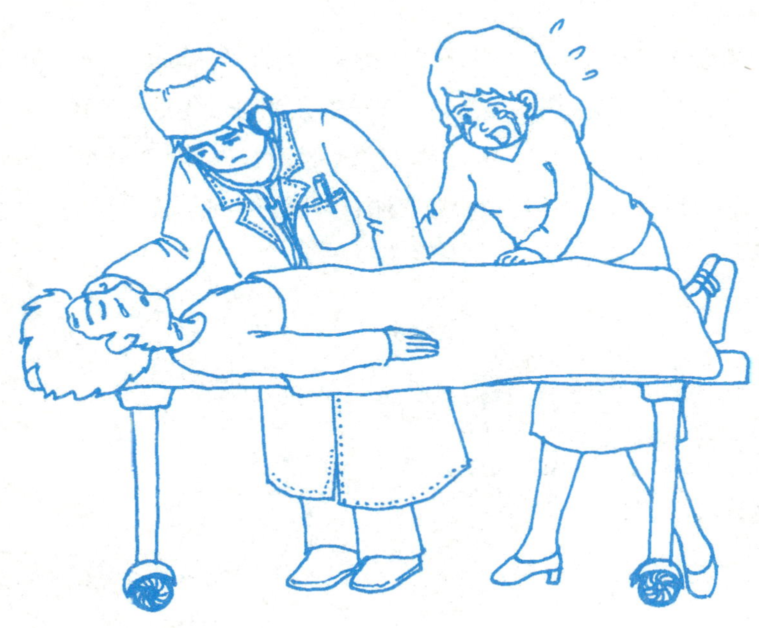

心理解码

案例中的小俊和他的同伴们，他们的自发性饮酒行为在那种情境下没有人有效地劝阻，于是造成了过量饮酒。庆幸的是小俊经过医治很快痊愈，但是没人能保证他每次都这么好运。青少年饮酒须谨慎，一定要有自我保护的意识，如果可能，成年前最好不要饮酒。

在我国，目前社会上存在着青少年学生考完试一起“放松”的风气，不少中学生反对抽烟，但对喝酒不加拒绝，认为饮酒能为聚会助兴，豪爽时尚。部分中学生饮酒还得到家庭的首肯，有父子同饮的，有考前失眠让孩子喝酒安神的。还有些父母误以为青春期的孩子饮酒总比吸毒好一些，这也许是由于他们自己也饮酒，或者是他们认为饮酒是合法的、吸毒是非法的。要记住酒精也是药物，过量饮酒跟其他药物一样是有毒的。

青少年饮酒会给其身心带来非常严重的影响，损害身体机能和认知功能。已有研究显示，饮酒会阻碍青少年大脑的发育。青少年期饮酒是成年后酗酒的潜在危险因素，并可能使青少年出现危险行为，学业失败，攻击，暴力行为，自杀以及焦虑抑郁等严重的心理行为问题。此外，饮酒还与致命的交通意外紧密相连。

心灵魔法

1. 形成正确的自我概念

许多青少年喝酒是为了自我显示，表示自己具有男子汉的成熟形象。但实际情况是，过度饮酒导致的醉酒行为往往会让他人对其产生厌恶感。真正的男子汉，一定是有目标、有意志、不随波逐流的人。对于这样的人来说，健康的体魄才是真正重要的。拥有健康的时候不知珍惜，等失去了才来后悔就晚了。

2.隔断消极的影响源

许多青少年都是在同伴的影响下，逐步学会吸烟喝酒的。隔断消极影响源，就是在一定时期内，自觉地不与有吸烟和饮酒行为的同伴接触，避免自己反复受到诱惑。

3.厌恶性疗法

简单地说，厌恶性疗法就是当我们想要做出某种行为时，立刻加诸一个不愉快的刺激。次数多了，当我们再想做出这种行为时，脑袋里会习惯性地想起所遭受的不愉快刺激，进而回避或放弃去做这种行为。

如某同学一旦想要喝酒，就立刻给他看酒精中毒的医学图片，使他对喝酒产生恐惧感。次数多了，他的喝酒行为将会明显好转。

4.同学聚会内容要健康、阳光

（1）选择适当的地方，不要出入一些未成年人不能进入的酒吧、KTV、舞厅等娱乐场所，因为这些场合很容易因为喝酒出现打架斗殴的事件，还容易成为不法分子犯罪的目标。建议同学聚会可以在学校的教室、公园、广场等地方。

（2）选择有意义的内容，不要总是吃吃喝喝的，尤其是纯粹聚在一起喝酒打牌、打麻将这些不利于身心的活动。建议同学们可以组织到附近郊区野外采风，或者一起唱唱歌、跳跳舞，到图书馆看书、看画展，等等。

酒令智昏，以我为戒

2011年5月9日晚，高晓松因酒后驾驶，造成四车追尾，成为酒驾入刑后第一个被抓的名人，这就是高晓松醉驾案。因酒驾被判刑拘6个月的音乐人高晓松在获释一周后，就参加了禁止酒驾公益宣传片“请勿酒驾”，诚恳现身说法。

高晓松醉驾案的辩护律师，在事后将工作过程做出介绍：虽然从律师的角度看，签署血样传递过程中因存在程序瑕疵，律师认为可提出证据采用方面的辩护，但高晓松本人放弃了诉讼，判决结果也是“顶格量刑”。侦查起诉乃至审判，完全是按照《关于适用简易程序审理公诉案件的若干意见》的规定进行的。

在庭审过程中，高晓松交代了醉驾始末，他称当时找过代驾，但等了很久代驾也没来，一冲动就自己开车走了。高晓松坦承说，“第一，我完全认罪。第二，我相信法律公正。第三，我相信法律也会维护一个犯罪人的其他权利。我希望传达给公众的就是，酒令智昏，以我为戒”。

高晓松还称自己会接受教训，“愿意以最大的诚意赔偿这次事故造成的损失”，他说：“我没有任何想为自己辩护的，我有的全部都是忏悔。我以前一直以为喝酒能给人自由，最后因为喝酒失去了自由，我在明知自己酒醉而且明知代驾在路上的情况下，自己驾车就是对自己的生命和对他人生命极其不负责任的行为，也是自我膨胀的表现，我感谢司法部门和大家对我的教育，我会吸取教训，我愿意以最大的诚意赔偿这次事故造成的损失，我愿意做任何的义工工作，我希望我的事能警示所有喝酒的朋友，并对我的家人以及社会致以我最诚挚的歉意。”

3. 对劝酒说“不”

君子之交淡如水，小人之交甘若醴。

——《庄子·山木》

心灵故事

快到小炎生日了，宿舍里的几个好朋友决定在学校给他过这个生日。大家凑了一些钱，买了一个生日蛋糕和一箱听装啤酒。生日那天下了晚自习，他们还邀请了班上其他宿舍的几个同学在一起为小炎庆贺生日。刚开始还比较小声，后来大家都喝得有点醉了，打闹声引起了宿舍管理员的注意。

在调查时，很多同学一再强调："我只喝了一口""我喝了一点，不好喝，不想喝又怕他生气，就背着他们偷偷倒掉了""我以前没喝过，这是第一次""我没想喝，但他叫我拿，其他人都喝了，我觉得不喝好像不太好"。他们中有一半是平常表现很不错的学生。这些表现不错的学生大多表示，自己以前没有喝过酒，这是第一次喝。并表示在这样的聚会中，大家都喝酒自己不喝好像很不合群，而且寿星都主动来敬酒了，拒绝也太不给他面子了。刚开始他们大多"意思意思"喝了一点，后来大家越劝越厉害，没有办法就勉强多喝了些。其中有个同学还说："酒还真不太好喝，味道怪怪的，不知道为什么别人那么喜欢喝。"

心理解码

案例中的这些同学因为朋友生日聚会，明知道青少年不宜喝酒，明知道在学校喝酒属于严重违纪行为，但面对朋友的热情劝酒，一时之间不好意思拒绝，加上侥幸心理作祟，就拿起杯子喝起了酒。这群学生小小年纪就学大人的样子用酒来与同学沟通，你敬我，我敬你，不知不觉就喝多了。

人是一种社会性动物，容易受到周围自然与社会环境的积极或消极的影响。青少年更是这样。家庭周边社会环境显著影响青少年的饮酒行为，周边社会环境越复杂，青少年的饮酒率越高。现代社会饮酒已成为人们日常生活的一部分，节日喜庆、婚嫁宴请、商务洽谈都免不了饮酒，有些人认为饮酒行为是重要的“社会润滑剂”。这种现象还流行于不同年龄和性别的人群。甚至在小学生、中学生中也有这种所谓的酒桌文化。一些孩子饮酒是因为聚会时，不愿意在同学面前服输，甚至还喝酒无度。

青少年饮酒绝对是不良行为。研究部门针对1940位小学到中学的青少年，从2001年到2006年进行了长期追踪，结果发现父母亲对饮酒的态度和朋友劝酒的压力，都会影响青少年的饮酒行为。而国外研究也显示，若十四五岁就有饮酒习惯者，成年后被精神科诊断为酒精依赖者的概率是一般人的2倍，愈早年纪开始饮酒，饮酒后出现打架、闹事等不良行为的概率也较一般人高。

心灵魔法

1. 多交益友，远离损友

真正的朋友知道你不喝酒也不会逼你。对那些总是劝你喝酒的朋友，最好离他们远一点。想想他们是不是值得交往的朋友，他们总是劝你喝酒的目的是什么，要学会鉴别哪些人才是值得结交的朋友。千万别受他们的所谓“哥们义气”的蛊惑。要知道“君子之交淡如水，小人之交甘若醴”。也就是说君子之间的交情像水一样清淡，小人之间的交往只是基于酒肉的交情。

2. 坚持自己的原则

不要怕面子问题，学会拒绝别人的劝酒，坚持不喝。要知道醉酒确实是给别人面子，伤自己的胃。越喝越糊涂，越喝大脑越迟钝，醉酒失控、丧失理智的人和精神病人毫无差别，很容易做出一些违法乱纪的事。特别要提醒女生要学会自我保护，不要因为别人劝酒而轻易喝酒，否则很容易让别有用心的人有机可乘。

3. 学会说“不”

懂得说“不”是成熟的标志，真正的朋友会尊重你的决定。面对劝酒，直接跟他们说：“谢谢，不喝！”“真不好意思，我不喝酒！”“谢谢，我喝饮料好了！”一次明确的拒绝以后，相信那些“酒友”就很少会叫你喝酒了。

4. 婉转拒绝

你可以婉转地拒绝，如“君子之交淡如水，我以水代酒！”“朋友，真的求你别敬我了。我一喝就会失态。我这人就这样，一喝酒就会出洋相。”

5. 幽默的语言

你可以给劝你酒的人说：“老兄，谢你好意！我不想连累你和在座的朋友，我喝了酒，出了事，一人坐牢可以，怕你们都进去陪我。”“我从小就跟酒有仇，别跟我提酒啊！”

为什么不说不?

——学会拒绝

节选自刘墉《钟爱一生》

现在让我讲讲今天发生在我自己身上的事，给你参考：

早上王阿姨打电话来，问我能不能陪她一起去看“苏富比”拍卖中国古董。我说：“不！”

中午社区报纸打电话问我能不能为他们的征文颁奖。我说：“不！”

下午圣若望大学的学生打电话来，问我能不能参加周末的餐会。我说：“不！”

晚上台北传真过来问我能不能写个专栏。我说：“不！”

当你说四个“是”的时候，我说了四个“不”！

你或许要讲我不近人情，但你也要知道，当我说第一个“不”时，同时告诉了她：“下次拍卖古画，我会去。至于今天，因为我对家具、器物、玉石的了解不多，很难提出好的建议。”

当我说第二个“不”时，我说：“因为我已经做了评审，贵报又在最近连着刊登我的新闻，且在一篇有关座谈会的报道中赞美我，而批评了别人。如果再去颁奖，怕要引人猜测，显得有失客观。”

当我说第三个“不”时，我说：“因为近来有坐骨神经痛之苦，必须在硬椅子上直挺挺地坐着，像是挨罚一般，而且不耐久坐，为免煞风景，以后再找机会！”

当我说第四个“不”时，我以传真告诉对方：“最近已经寄出一篇头题(就是刊在重要位置的长文，而非专栏式的短文)，专栏等以后有空再写。”

我说了“不”，但是说得委婉。我确实拒绝了，但拒绝得有理。

不敢说“不”的人，往往缺乏实力，他们只怕不顺着对方的意，自己就要吃亏。岂知愈是想讨好每个人的，最后可能谁也没讨好，因为没有人珍视他的“好”，却要加倍

地责备他可能做得不周到。愈是想对得起每一个人，愈可能对不起人，因为精神、时间、财力有限，不可能处处顾及，结果服务的水准下降，还是对不起人。就算是他拼老命地应付了每个人，至少对不起了他自己。

心灵提示：只有充满自信与原则的人知道说“不”，也只有别人知道你有说“不”的原则之后，会信任你所说的“不”。在人际交往中适当地学会说“不”，委婉地道出你的苦衷、说出你的原则，必能获得朋友的谅解，赢得对方尊重！

4. 酗酒与犯罪

酗酒大者亡国，中者败家、扰乱社会秩序，小者伤身致疾。

——名言警句

心灵故事

小张、小陈等12个儿时的伙伴在一块喝酒，聚会上你一杯我一杯，大家喝得起劲，每个人都喝得脸红耳赤。酒后小张想起邻村的刘宁在上小学时曾经欺负过自己，就邀请一帮酒友同去报复刘宁。在酒精的作用下，哥们义气的渲染下，小张、小陈一行12人找到刘宁家，小张等人对刘宁及其家人进行殴打，造成刘宁轻微伤，另外两人轻伤。

后经邻居报案，才让事件及时地被制止下来，这12人都被警察带到派出所。小张还理直气壮地说：“我当时喝醉了，不知道做了什么。”家长也帮着说情：“他喝了酒，不知道情况。”面对这种啼笑皆非的说法，警察认真解释道：“酗酒犯罪人员，不知道醉酒后犯罪，也要负刑事责任。”在派出所接受法制知识教育后，这12个人才意识到自己的严重错误。

法院审理后认为，小张、小陈无事生非，无故殴打他人，情节恶劣，其行为已构成寻衅滋事罪，且系共同犯罪。因系未成年人，及二被告人认罪态度较好，并能积极赔偿被害人的经济损失，取得了被害人的谅解，分别被判处有期徒刑三年缓刑三年和有期徒刑一年缓刑一年。

心理解码

案例中的小张等人酗酒闹事，无故殴打他人，情节恶劣，其行为已构成寻衅滋事罪，且系共同犯罪。在未成年人犯罪中，近30%的群殴、抢劫、强奸都与酗酒有关，很多未成年人在犯罪之前还喝酒壮胆。另外，近50%的未成年人犯罪，是酒精直接诱发的。

酗酒犯罪的特点如下：

1.法制观念淡薄。有的酗酒犯罪人员，不知道醉酒后犯罪，也要负刑事责任，犯罪后还理直气壮地说："我当时喝醉了，不知道做了什么。"片面地认为一切后果与己无关。有的家属说情就讲："他喝着酒，不知道情况。"似乎一醉就可以对什么都不负责任了。

2.压力大，借酒消愁。有的人遭受挫折，遭遇家庭变故，压力过大，使他们背上了沉重的思想包袱，丧失了生活的信心和勇气，从而深陷酒坛无力自拔，就借酒消愁，借酒行凶，引发惨案。

3.未成年人间不良交往。不良交往促使未成年人犯罪动机的形成。大多数未成年人原来并没有明显的犯罪动机，后来在社会交往中，受坏朋友的影响、引诱、教唆而酗酒，才产生犯罪动机和参与犯罪活动的。从未成年人酗酒犯罪案例看，未成年人没有单独作案的，都是两人以上作案。不良朋友之间在一起酗酒，可以相互壮胆，消除恐惧心理，在酗酒过程中，由于相互"激将"，在"逞能""斗狠"心理的支配下，根本不考虑后果，往往因为亲朋好友间的小事发生争执、斗殴，甚至伤害杀人。

4.部分人酗酒成瘾。酗酒成瘾不单单是一个个人问题，而已演变成一种犯罪的诱因。有的人每日必饮，每饮必醉，酗酒成瘾或造成妻离子散，家庭破裂；或酒后犯罪，危害社会。

5.对酗酒的危害认识不够。酒精过量会麻醉大脑神经。如果一个成年人饮用60度白酒250克，就可能使大脑细胞活跃程度增加3倍，从而破坏人体固有的抑制与平衡状态，使人处于精神亢奋、情绪极度不稳定而难以抑制的失常状态。酒后失控而误入犯罪歧途的人，往往意志脆弱，极易在某些诱因面前无所适从而偏离常轨，借酒施暴。有些犯罪人饮酒后并没有完全丧失自我控制能力，却借酒发疯，无事生非，结果自导自演了泪水多于酒水的悲剧，严重扰乱了社会秩序。

心灵魔法

1.提高对酗酒犯罪严重性的认识，增强法律法规知识。

要认识到酗酒的危害：酗酒大者亡国，中者败家、扰乱社会秩序，小者伤身致疾。要知道醉酒后犯罪，也要负刑事责任。

2.认识到青少年喝酒对身体健康的危害。

酒精是一种麻醉剂，影响中枢神经系统，导致其他疾病的发生。酒精可以使人早衰。青少年正处于成长发育阶段，身体的各部分器官尚未完全成熟，饮酒对身体的损伤更加严重，甚至会影响到身体的正常发育。

3.明白青少年喝酒对学习的不良影响。

青少年应该集中精力学习。但少数学生模仿大人在生日聚会或外出郊游时开怀痛饮，甚至划拳猜令，喝得东倒西歪，日久产生酒瘾，整天琢磨喝酒，寻求酒精刺激。长期饮酒，注意力无法集中，记忆力、判断力下降，致使智力减退，学习退步。

4.积极参加丰富多彩的文体和学习活动。

如体育运动、郊游、志愿者活动等一些能帮助你摆脱因无所事事而试图以喝酒解闷的活动。

5.寻求专业人士帮助。

如果真的是酗酒成瘾，应及时寻求专业机构专业人士的帮助。

心灵自助餐

小测试

如何知道自己的饮酒行为是否过度，并及早采取行动呢？可用以下自评量表进行自我衡量：

1. 社交场合饮酒时，你是否会主动要求给你的杯子里加酒？

2. 如果情况允许，你是否愿意自己多喝一点而让他人少喝一点？

3. 当你独处时，是否喜欢偶尔喝上几杯？

4. 在你的经历中，你有没有因喝酒而导致与人争吵或在争吵后就喝上几杯的情况？

5. 你是否在每天的特定时间（如睡觉前）都要喝点酒？

6. 当你感到烦恼或遇到难处时，你是否会自然而然地“举杯消愁”？

7. 当别人问你喝了多少酒时，你会不会不说实话？

8. 你有没有因为喝酒而耽误学习、生活和其他重要事情？

9. 假如你停止喝酒，是否会觉得身上没有劲、不自在或心里不踏实？

10. 你是不是早上一起来就喝酒？

11. 你有没有将前一天晚上喝酒后的事情全部遗忘的经历？

说明：如果以上11个问题中你有2个问题回答“是”，那么就应该引起警惕了；如果有3个及3个以上的问题回答“是”，那就说明你的问题比较严重，最好到专科医生那里去咨询或就诊。

第五篇　拒绝毒品

青少年吸毒问题目前已经成为一个让全社会都触目惊心的问题。据一项调查显示，在吸毒者中，35岁以下的青少年占96%~98%，而吸毒的青少年大都以大城市高、初中文化层次为主。而且他们初次吸毒的平均年龄还不到20岁，16岁以下的吸毒人数更是数以万计。

青少年心理和生理特征决定了他们有很强的求知欲、好奇心、好胜心，喜欢模仿、尝试，易于接受新事物，但缺乏辨别力和自我控制能力。在这样一个心理状态较为动荡、脆弱、多变的阶段，一旦染上毒瘾，就会给自身带来极大的危害，甚至可能导致道德沦丧、家破人亡、触犯法律等。所以青少年朋友们千万别让自己花一样的年龄，在吸毒中慢慢苍老。

1. 好奇害死猫

对坏事的好奇心是一种可诅咒的毛病，是从一切不洁的接触中产生的。

——[法国] 缪塞

心灵故事

阿兵在游戏机房认识了一群“哥们儿”。他们掏出一种白色粉末，围坐在那里吸，一副“飘飘欲仙”的样子，一下子就引起了阿兵的好奇。“哥们儿”怂恿他：“喂，试一试，这东西吸了感觉很好！”看到阿兵犹豫了下，“哥们儿”就继续鼓吹：“尝一口，不会上瘾的！”最后阿兵还是抵挡不住好奇心伸手接了过来。阿兵说：“当时我就是好奇，还有我从来没有‘不敢’的时候，他们叫我吸，我要是不吸，面子都没有了。我吸完之后就昏昏沉沉，也没觉得有什么舒服的感觉。之后他们吸的时候我就主动要求吸，想看看到底能有多舒服，这种心态就好像学抽香烟一样，明明是呛的，就越要抽。两次过后就上瘾了。”

吸上白粉后，因无钱买，阿兵开始学会说谎，学也没心思上了，甚至还骗同学的钱用来

吸毒。最后实在没有钱了，阿兵便开始偷盗生活，被警方抓获。在审讯时因药瘾发作口吐白沫，结果被送戒毒所强制戒毒。

心理解码

阿兵的事例不禁让我们感到心寒，一段如花的岁月就这样被埋没在冰冷的铁窗之下。在我们感到心痛的同时，也不禁感慨，吸毒为什么会对人有如此大的魔力呢？

原来，人体内本身就有一种类似阿片类物质的存在，当从外部大量摄入阿片类物质时，外来的阿片类物质逐渐取代了原本内在的阿片类物质，扼制住了原来人体内正常阿片类物质的形成和释放，从而破坏了人体内的正常平衡，形成人体在生理、心理上的依赖，而人体只有不断地递增这种外来“摄入”，才能保持体内生理、心理上的平衡。现在我们终于明白吸毒者为什么都会对毒品上瘾，在“犯瘾”时为什么那么痛苦了。

根据调查，导致吸毒的原因排在第一位的就是“体会感觉”“抽着玩玩”“试一

试”“尝新鲜”。这种“试一试”的念头往往就是走上吸毒不归路的开端。青少年的好奇心都很强，对新鲜事物大都很想尝试一下，但是对事物缺乏全面的认识，防范及判断是非的能力比较差。在青少年吸毒者中，八成以上是在不知道毒品危害的情况下成瘾的。在吸毒者中，许多青少年因道听途说，或片面理解影视等一些媒体的宣传，对毒品能致幻、致快感的说法产生强烈的好奇心理，进而产生一种试试看的体验欲望。据有关资料调查显示，青少年出于好奇心理而染上毒品的占46%以上。他们抱着“抽着玩玩”“尝尝新鲜”“吸一口不要紧”的心态，在毒品面前放任自己的好奇心，这就好比在悬崖边抬脚试悬崖有多深一样危险。

青少年防范毒品，应做到“十个不要”：不要吸烟；不要因好奇而吸毒；不要盲目追星、赶时髦、贪图享受去吸毒；不要结交有吸毒、贩毒行为的人；不要为寻刺激、冒险去吸毒；不要相信毒品能治病（胃病、肝病）的谎言；不要为了摆脱烦恼而吸毒；不要听信吸毒者的话；不要随便接受他人递送的香烟、水果、药物、饮料等物品；不要在吸毒场所内停留。

心灵魔法

有两个令人震惊的百分比：登记在册的吸毒者中，25周岁以下的占65%，35周岁以下的占80%。要学会拒绝毒品，需加强思想和心理防线。

1. “喂，试一试，这东西吸了感觉很好！”

如果因好奇而开始了第一口，就会陷入难以自拔的沼泽。调查表明，因好奇模仿第一次就染上毒瘾的占62.3%。

拒绝方式：学会说“不！”——“谢了，我不要！”

2. “嗨，大家都吸，为什么不尝一口？你也来点吧！”

不要有盲目的从众心理，不要因为别人做了你也要做。要有健康的生活，健康的业余爱好。

拒绝方式：给个理由或借口——“不行，因为我还要参加考试……”

3. “现在这可是最时髦的事，你看多神气啊！”

在任何社会，吸毒都是种不光彩的行为，不会受到他人的尊敬。

拒绝方式：反向施压力——“如果你真正长大成熟，那才棒。”

4. “喂，咱们哥们儿够意思！一起找点乐子！”

好的朋友一千个都不嫌多，坏的朋友一个都嫌多。调查表明，92.7%的复吸毒者是由于无法拒绝毒友的“帮助”和影响，重新投入毒品的怀抱的。

拒绝方式：转移话题——“你有没有听说过……”在某些可能受压力而食用毒品的场合，冷漠待之，漠视那些人的存在，径直走开。如果你必须到那种场合的话，就与一些不染毒品的朋友同去。

5. “来，试试这个，它可以给你灵感（提神、止疼）……”

不要相信传言。灵感来自我们的生活和感受。如果太累，我们可以休息身心，躯体的疼痛会随病情的好转而好转，药物带来的只是幻想。

拒绝方式：反问“如果这个东西真能带来你说的好处，那我们还努力什么？”

心灵自助餐

小测试：你能抵制诱惑吗？

面对诱惑时，最有力的支持来自你自己。内心坚定的自制力是抵御引诱的有力武器，它可以使人从无能为力的受迷惑状态中解脱出来，恢复控制自我的能力，重新做自己的主宰。下面的问卷，可以测量你抵制诱惑的能力。请仔细阅读以下10个陈述，根据自己的实际情况回答“是”或“否”。

1. “这是最后一次了”是你常用的口头禅。　　a. 是　　b. 否
2. 你经常做出令自己后悔的事。　　a. 是　　b. 否
3. 你总是不等到月底就花完这个月的零花钱。　　a. 是　　b. 否

4. 你是个很好说话的人，说服你不是什么难事。 a. 是 b. 否

5. 你经常不能完成自己制订的学习目标。 a. 是 b. 否

6. 你时常陷入接二连三的麻烦中。 a. 是 b. 否

7. 你时常去幻想那些不切实际的事，并深深地沉溺于其中。 a. 是 b. 否

8. 你经常赖床。 a. 是 b. 否

9. 你的保证与诺言已不太被相信了。 a. 是 b. 否

10. 你每次到超市购物都超出原来的购买预算。 a. 是 b. 否

结果分析：选“是”得1分；选“否”得0分。

得分为1～3分：抵抗诱惑的能力强。你具有相当顽强的自制力，能够有效地控制和调节自己的行为。你的理智常占据上风，对“我想做”与“应当做”的关系把握得很清醒。你能够完成一些自我要求，从而对未来的新计划充满信心。你需要注意的是，不要对自己过于苛刻。

得分为4～10分：易于向诱惑屈服。如果你是这种情况，不要泄气，人身上总是存在这样那样的缺点，而人生的挑战就在于正视这些缺点，并想方设法加以克服。处理缺乏自制的问题，应从小事做起，例如，强迫自己在寒冷的冬天从温暖的被窝中爬出来，逐渐培养自制的习惯。还可以对自己的自制行为设定一定的小奖励。比如，如果一周都早起，就请自己吃一顿饭；如果认真完成了某项计划，就给自己买件新衣服等。慢慢地，你就会对自己的惰性说再见了。

2. 这不是减压的“神仙药”

承受住压力的重荷，喷水池才能喷射出银花朵朵。

——名言警句

心灵故事

小何从小到大，学习一帆风顺，在班上一直是第一名。然而，班上转来的新同学成绩更好，直接“威胁”了他第一名的地位。小何开始有“既生瑜，何生亮”的感觉。期末考试最后一门还没考完，新同学领先5分，于是小何的自尊心受挫，面子上挂不住了。在考最后一门功课时，小何孤注一掷，采取作弊的形式，结果，不仅作弊败露，而且名誉扫地，处分、检讨接踵而来。

一直过于顺利的小何被悔恨压得喘不过气来，无法承受和面对这一切。他觉得全班同学都在背后嘲笑他，到哪里都有人在背后指指点点议论他是个作弊的坏学生。从一个同学崇拜、老师重视、父母喜爱的学习尖子生，成了一个备受议论和质疑的作弊学生，他感觉自己的天要塌下来了。那段时间他常常坐在一个角落不与人交流，睡觉也睡不好，总感觉胸口有块大石头压得他喘不过气来。

偶尔的机会，他听说吸毒可以缓解压力。为了摆脱压力，小何产生了试一试的想法。在一位吸毒的同学的介绍下，他接触了毒品。他称，吸毒让他感觉到的是一种前所未有的“解脱”。结果，在不到一年的时间里，他辍学出走，直到被送进强制戒毒所。逃遁在毒品的梦幻中，使这个伤心故事又演绎了一幕悲惨结局。

心理解码

案例中小何从小到大，生活得一直很顺利，没有遭遇到什么挫折。在面对新同学带来的学习压力时，他采用了错误的方法——作弊。在作弊事件曝光后，他面临各种压力，却没有采用合适的方法去宣泄和调节自己的情绪，反而选择了一个更为错误、更为危险的方法——吸毒。企图逃遁在毒品的梦幻中，终究毁了自己的大好前途。

青少年阶段，他们正体验着人生最激烈的情绪变化。平日父母溺爱，一旦遇到父母离婚、家庭破裂、身边重要的人去世、人际冲突、升学或就业受挫等变故，就可能使一些精神空虚、意志薄弱的青少年在易染毒环境中染上毒品，试图在毒品中寻找安慰，忘却烦恼，摆脱压力。这种混沌的心态，结局只能是搭上死亡的快车。

其实人生谁无烦恼？问题是要正确对待。青少年一旦遇到无法排解的事端，要想方设法寻找正确的途径去解决，而不能沉溺其中，自暴自弃。可以向亲人、老师、同学倾诉，寻求帮助与支持，有需要的话可以进行心理咨询和辅导。出于心理因素的困扰，想借吸毒来寻求一时的欣快以解脱烦恼者，必须明白这种饮鸩止渴、挖肉补疮的不明智做法，会招来极严重的后果。案例中小何一开始面对竞争，应该保持一种“山外有山，人外有人”的见识和气度，新的对手其实不单单是一种压力，或许更是一种促使你前进的动力。你将它看成压力还是动力，决定了你的心态。即使真的发生了作弊事件，其实他还是有很多途径可以解决这个问题。要知道父母、老师、好朋友都是关心他的，不会因为他的一次错误而否定了他整个人。只要他能敞开心扉讲出自己内心的压力，相信他们是能理解并帮助他的。

心灵魔法

借吸毒来消除烦恼是一种饮鸩止渴、挖肉补疮的不明智做法，会招来极严重的后果。遇到压力事件后，其实我们有很多方法可以调节。

1.一吐为快。假如你正为某事所困扰，千万不要闷在心里，把苦恼讲给你可信的、头脑冷静的人听，以取得解脱、支持和指正。老师、家人、朋友、心理老师、心理医生都是我们可以倾诉和咨询的对象。

2.大喊大叫。在僻静处大声喊叫或放声大哭。哭并不可耻，流泪可使悲哀的感情得以发泄，也是减轻体内压力的一种方法。

3.重新评价。如果真做错了事，要想到谁都有可能犯错误，若事与愿违，就应重新进行自我评价，才不会钻牛角尖，继续正常地学习生活。

4.留有余地。不要企图处处争先，强求自己时刻都以一个完美形象出现，生活不需如此，你给别人留有余地，自己也往往更加从容。

5.换个环境。适当地改变环境可以减轻心理压力，这并非是消极地回避，而是在新的环境中重新思考，自我反省，吸取教训。

6.外出旅游。思想压力过大，不妨在家属、朋友的陪同下，短期外出旅游。

7.听听音乐。轻松的音乐有助于缓解压力。如果你懂得弹钢琴、吉他或其他乐器，不妨以此来对付心绪不宁。

心灵自助餐

绝望的驴子

——变压力为动力

有一天，某个农夫的一头驴子不小心掉进一口枯井里，农夫绞尽脑汁想办法救驴子，但几个小时过去了，驴子还在井里痛苦地哀号着。最后，这位农夫决定放弃，他想这头驴子年纪大了，不值得大费周章去把它救出来，不过无论如何，这口井还是得填起来。于是农夫便请来左邻右舍帮忙一起将井中的驴子埋了，以免除它的痛苦。农夫的邻居们人手一把铲子，开始将泥土铲进枯井中。

当这头驴子了解到自己的处境时，刚开始叫得很凄惨。但出人意料的是，一会儿之后这头驴子就安静下来了。农夫好奇地探头往井底一看，出现在眼前的景象令他大吃一惊：当铲进井里的泥土落在驴子的背部时，驴子的反应令人称奇——它将泥土抖落在一旁，然后站到铲进的泥土堆上面！就这样，驴子将大家铲倒在它身上的泥土全数抖落在井底，然后再站上去。很快地，这只驴子便得意地上升到井口，然后在众人惊讶的表情中快步地跑开了！

心灵提示：就如驴子的情况，在生命的旅程中，有时候我们难免会陷入“枯井”里，各式各样的“泥沙”倾倒在我们身上，而想要从这些“枯井”脱困的秘诀就是：将“泥沙”抖落掉，然后站到上面去。将生活中的每一个困难，都变成我们成功路上的垫脚石。

3. “止咳水”会上瘾

不要试图同诱惑争辩，躲开它，躲得远远的。

——[法]孟德斯鸠

心灵故事

小亚一向活泼好学，还是年级的团干部。这个“00后”女孩之前过的日子可谓幸福，虽然家境普通，但她的父母还是竭尽所能让她感受不到生活的艰辛，小亚自己形容就是“衣来伸手，饭来张口”。

偶尔的机会，她发现自己的班上有几位同学经常在喝一种止咳水。她感到非常好奇，跟其中一个同学打听了下。那个同学告诉她就是普通的止咳水，再加点别的东西，喝了很提神，上课就不打瞌睡了。听完之后，她感觉到更好奇了，逐渐产生了试一试的想法。一开始这个同学还拒绝她，但最后拗不过小亚的恳求，还是同意让她试喝了止咳水。第一次喝了止咳水后，她没有什么特别的感觉，并详细地在日记中记录了当时的感觉。但是，第二次、第三次之后，她就再也无法控制自己。从那以后整天人昏昏沉沉的，上课不喝就打瞌睡，没有精神，原来红润的气色也越来越差。因为喝止咳水开销大，她经常编各种理由跟父母要钱。一次在课堂上她突然抽筋、口吐白沫，昏倒在地上。老师急忙打了120急救电话将她送去医院并立刻联系了家长。在医院里小亚才道出实情，原来她喝止咳水上瘾了，长期过量使用才出现了这种情况。好在送医及时，否则后果不堪设想。

心理解码

1. 滥饮含可待因复方口服溶液的止咳水会上瘾

其实含可待因复方口服溶液的止咳水是药店不能销售的，必须凭医生处方在医院药房中购买。但是一些违法商人财迷心窍，竟然将魔手伸向未成年人。这类含可待因复方口服溶液的止咳水临床主要用于镇咳，正常使用是安全有效的，但如果大剂量使用，会产生幻觉，对人体造成损害，甚至危及生命。案例中的小亚就是因为长期服用导致上瘾，而且又因为大量服用对身体造成损害，出现了在课堂上晕倒的情况。

青少年滥饮止咳水成瘾后，身心都将受到损害。(1) 躯体方面：患上低钾血症、癫痫、中毒性精神病、重度骨质疏松症甚至白血病，严重者可危及生命。(2) 精神和行为方面：为了隐瞒家人，慢慢学会撒谎，变得脾气暴躁、自卑、自闭，甚至可能出现自杀、自虐等心理行为异常及人格改变。(3) 社会功能也会退化，无法正常学习或工作，家庭关系受到严重破坏。(4) 部分上瘾者可能最终走上吸毒、偷窃等违法甚至犯罪的道路。

2.新型毒品特殊包装

“止咳水”“神仙水”“××奶茶”“××咖啡”……光怪陆离的包装下，掩藏着毒品的本质。这些以甲基苯丙胺或氯胺酮等成分为主的新型毒品近年来在青少年中迅速蔓延，一些青少年深受其害，甚至为此丢掉了生命。

近年来，以甲基苯丙胺兴奋剂为代表的新型毒品迅速蔓延，对青少年的侵蚀范围不断扩大。广东省禁毒委员会介绍，省内18岁以下的吸毒人员有1836人，其中吸食新型毒品的人员有1474人，占八成以上，最年轻的吸毒人员未满14岁。

与传统毒品海洛因相比，经过“包装”的新型毒品更具迷惑性。现在很多贩毒人员为了驱除人们对冰毒、麻古、摇头丸、K粉的反感，往往把新型毒品加工成奶茶、咖啡、绿茶等饮料，称之为“止咳水”“神仙水”等，招摇过市，导致许多新型毒品滥用者认为新型毒品根本不算毒品，容易获取也容易戒断。

事实上，所谓的“止咳水”等新型毒品对青少年身心健康的摧毁更为可怕。新型毒品的制作原料主要是化学制剂，容易引发人体神经中毒，产生过度兴奋或过度抑郁，严重损伤人体中枢神经系统。

3.新型毒品往往披上“时尚外套”

新型毒品大多具有漂亮的包装或是缤纷的色彩，而且多在娱乐场所出现，所以它总被贴上时尚、流行、前卫的文化标签，常常和娱乐消费混淆在一起。这些成为新型毒品的伪装和外衣，迎合了年轻人渴望寻求刺激和对新鲜事物的猎奇心理，许多青年人将它看作时髦的代名词。

更有甚者，青少年把它当作身份、地位的象征，认为它是一种优于他人的生活方式。在这种文化暗示下，他们认为冰毒、摇头丸里面的文化符号就是有钱人的消费，由此吸引了更多的年轻人去模仿。当毒品和时尚文化、娱乐文化交织在一起发生时，理智正确的思想界限日趋模糊化，很容易误导青少年跌入毒品的陷阱。

心灵魔法

1.切忌过量饮用含可待因的止咳水。长期服用可形成心理依赖，戒断症状类似海洛因毒品。吸食者往往最终转吸海洛因，才能满足毒瘾。过量滥用可导致抽筋、神智失常、中毒性精神病、昏迷、心跳停止及呼吸停顿而引致窒息死亡。

2.购买和服用止咳水时，要看看药品有没有含可待因、麻黄碱等成分。如果有的话一定要看看说明书上的服用方法和用量、使用禁忌、不良反应等，一定要在医生的指导下服用，否则可能会产生不良后果。

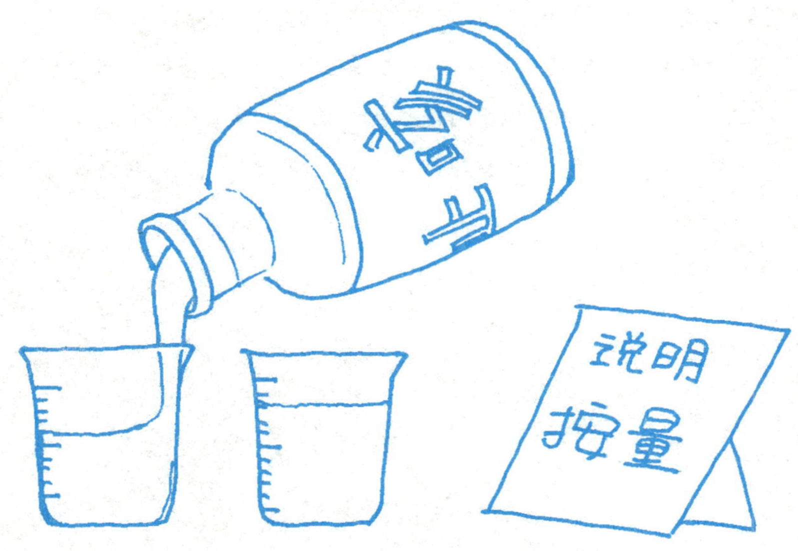

3.青少年应提高判断力，不要因为好奇或者受他人怂恿而服用成瘾。

4.如果你有过量服用含可待因复方口服溶液的止咳水的行为，请立即停止。此种情况，建议你到正规医院做戒断治疗，悬崖勒马，以免深陷毒瘾。

心灵自助餐

正确使用"止咳水"

有媒体报道饮用"止咳水"成为现时某些青少年的不良嗜好，从而导致部分学生和家长视"止咳水"为洪水猛兽，而专家指出正确使用"止咳水"不会上瘾。不要造成止咳药恐慌，以免耽误了病情，对身体健康造成不必要的损害。止咳药在正常的剂量和正确的使用方法下服用是完全安全的，特别是一些优质中成止咳药成分天然，消费者无须担心。

如果是国家正规批准的止咳药物，无论是中成药还是西药，其中的成分都是有严格规定的，消费者只要按照说明书上的剂量正确服用是不会导致成瘾的。针对媒体报道的"止咳水"上瘾，出现这种情况可能是服用的剂量过大，正常的剂量是不会出现这种情况的。消费者使用止咳药的时候需要特别注意两点：首先，要到正规的药店去购买；其次，按剂量服用。

4. 远离瘾君子

真正的朋友，在你获得成功的时候，为你高兴而不捧场；在你遇到不幸或悲伤的时候，会给你及时的支持和鼓励；在你有缺点可能犯错误的时候，会给你正确的批评和帮助。

——［苏联］高尔基

心灵故事

小青是个刚满16岁的花季少女。这本是一个生活充满阳光、希望的年纪，但是她却走上了一条吸毒的毁灭道路。小青的兄弟姐妹较多，家庭教育情况较差，父母对其疏于管理，以致她经常与社会上的一些不良青年来往。前两年还交上一个有吸毒劣迹的朋友。小青在学校听老师说过吸毒的危害，刚开始还劝说这个毒友不要吸毒。

一次，小青因为生理疼痛，这个毒友说“白粉”具有止痛功效，能醒目提神。看这个毒友吸毒了也没有老师说得这么恐怖，小青自己也觉得就吸一两次应该不会有问题，就试着吸，谁知从此便上瘾了。为了得到吸毒费用，她先是谎称自己要交这样那样的费用，从父亲那里骗钱。随着毒瘾的加大，骗来的钱也不够用了，她又把家里值钱的东西拿去卖，后来经常小偷小摸，变得一发而不可收拾。由于吸食毒品，小青的精神状况一直欠佳，食欲减退、消瘦、面容晦暗，常打哈欠、流鼻涕，关节肌肉疼痛。根本不像一个16岁的孩子应有的样子。

心理解码

案例中的小青本应该是一个朝气蓬勃的花季少女，因为误交瘾君子，而被带入歧途。据调查显示，在吸毒青少年中，因为朋友吸毒觉得好奇而吸毒和受朋友引诱后吸毒的占76.92%。多数人第一次吸毒都是在朋友的撺掇下，交友不慎是吸毒的主要原因。尤其是缺乏抵抗力、好奇心又强的青少年，如果朋友中有吸毒者，很容易被拉下水。

1.慎重交友，远离瘾君子

人作为“社会关系的总和”，必然和周围的同类存在联系，在长期的交往中形成朋友等关系。交友在人生的道路上有着非常重要的作用。交上一个好的朋友，可以对自己一生的工作和生活产生良好的影响，交上一个坏朋友，可能会影响自己的前途，使自己的一生暗淡无光。所以对青少年来说，交友应当非常慎重，以免因交友失误悔恨终生。青少年极易受群体的影响，许多青少年吸毒者说：“我是看到别人吸，我才吸的。”一些青少年不能够分辨朋友的好坏，只是因为这个人对自己不错或者说自己和这个人在一起玩得挺开心就视其为知己，根本不管这个人的品行和道德问题，而往往就是这样的“知己”，某天拿出一包白粉，极力要求无知同伴也尝上两口，这时，就有不少青少年抵挡不住诱惑了……

2. 避免群体之间交叉感染

青少年朋友一般思想比较单纯，好交往，喜欢成群结伙。但他们中有不少人自认为已经长大，什么都懂，对父母和老师的教育不以为然，盲目地去追求所谓的个性独立。特别是某些中差生由于成绩不好，升学无望，在家被家长责备，在校被老师批评，因而对学校、对老师、对家长产生强烈的对立情绪和逆反心理。他们常常三五个人混在一起，讲什么“哥们义气”“姐妹情深”，崇尚什么“有福同享，有难同当”。在他们当中，一旦有一个人吸毒，很容易引起交叉感染。例如：某男，16岁，个性躁烈，极讲“哥们义气”，经常帮人打架，“难兄难弟”颇多。他自己受人诱惑吸毒后，又影响其他十余名“哥们”吸毒成瘾。

心灵魔法

青少年交友要慎重，交益友不交损友；要多参加禁毒宣传活动使自己提高认识，养成良好的生活习惯，珍惜自己，自觉远离毒品。

（1）一定要慎重交友，不结交有吸毒、贩毒行为的人。如发现亲朋好友中有吸毒、贩毒行为的，一要劝阻，二要远离，三要报告公安机关。

（2）朋友有真假之分，如果有人拿着毒品请你免费尝试，那么他一定是个不值得交的朋友，也就是“假”朋友，是一个别有用心的坏人。

(3)不要出入一些未成年人不能进入的娱乐场所。不正规的娱乐场所里人员复杂，容易遇到一些不法分子。如果出入这些场所一定要谨慎，绝不吸食摇头丸、K粉等兴奋剂。加了毒品的酒水饮起来味道不一样，在迪吧、KTV喝到味道怪异的饮料就应当留心。

(4)不盲目追求享受，寻求刺激，赶时髦。摒弃那些“金钱至上”“醉生梦死”的腐朽生活方式。切勿相信“吸毒是时髦的事”这种骗人的话。

(5)不听信毒品能治病，毒品能解脱烦恼和痛苦，毒品能给人带来快乐等各种花言巧语。

(6)克制自己，及早悬崖勒马。即使自己在不知情的情况下，被引诱、欺骗吸毒一次，也要珍惜自己的生命，不再吸第二次，更不要吸第三次，否则就会陷入无法自拔的深渊。

管宁割席

——道不同不以为友

管宁和华歆在年轻的时候，是一对非常要好的朋友。他们天天形影不离，同桌吃饭，同榻读书，相处和谐。

有一天，管宁和华歆正并排坐在一张席子上读书，忽然，外面传来一阵锣声。学生们都知道，这准又是哪个大官从这儿路过。大家都习以为常了，没有一个去看热闹的。只有华歆一个人坐不住了，“噌”的一下站起来，跑出去了。这个大官不光前面有鸣锣开道，还有一个威风凛凛的仪仗队。他在仪仗队的簇拥下，坐着一顶八人抬的大轿子，慢慢悠悠地走着。华歆一动不动地看着，看得眼都直了。

直到大官走出好远，华歆才回到书房里。他根本不管别人愿不愿意听，就放开嗓子嚷了起来："哎呀，瞧瞧人家的排场，多么气派，多么威风呀！"

有个学生忍不住说道："华歆，大家都在读书，你别说了好不好！"

可华歆不管那一套，照样滔滔不绝地说道："哼！将来我要是做了大官，也一定要坐这样的轿子，带这样的仪仗队！"

这时候，管宁什么话也不说，他找来一把小刀，把他和华歆坐的席子"哧啦"一下割成了两半。

华歆一看，纳闷地问："哎，我说管宁，你这是干什么？"

管宁没好气地说："你我志向和情趣不同，从今以后，咱们别坐在一张席子上了，你也不再是我的朋友了。"说完，管宁又专心读起书来。

心灵提示：近朱者赤，近墨者黑。管宁为了保持自己的节操，避开了名利思想严重的人，这正是交友的第一要义。在我们的生活中，朋友是一根断不了的生活链。对于学生来说，能够一起学习，一起玩耍，一起相互鼓励、相互促进的伙伴就是好朋友。虽然我们还小，但交朋友的时候也要交志同道合、互利互勉的朋友，千万不能结交那些有害无利的损友。

第六篇 其他不良嗜好

习惯养成性格，性格决定命运。培养一个好习惯，去除一个不良习惯，我们的人生就会变得越来越完美和精彩。有些不良的嗜好，看似很小，但是也会对我们的健康成长带来诸多负面影响，勇敢地对它们说“再见”，走进阳光，拥抱五彩缤纷的大世界吧。

1. 不吃早餐的女生

外在美只能取悦一时，内在美方能经久不衰。

——歌德

心灵故事

婷婷长着一张可爱的娃娃脸，身高1.58米，体重44公斤。按理说并不胖，可是她最近一直在努力减肥。每日不吃早餐就去上学；中午只吃一个苹果，喝一瓶酸奶；晚上吃一点点饭，有时干脆只吃点蔬菜，实在饿极了就喝水。婷婷说最不喜欢自己的娃娃脸，每次只要有人说她的娃娃脸肉肉的，就很苦恼，她想只要瘦下去，自己也会有一张瓜子脸。

妈妈看到这个现象忍不住说她：这样对身体损害极大，正是长身体的时候，饿坏了会影响身体发育。但是婷婷却认为妈妈不懂潮流，现在流行骨感美，为了瘦下来，她什

么都可以忍受。她说班上的女生基本都是瘦瘦的，谁都不想做“肥妹”。就连她们最喜欢的电视偶像、歌星们个个都是身材苗条，小脸瘦瘦的、下巴尖尖的。所以不管老妈怎么说，她都不太理会，明着不行就暗地里偷偷节食减肥。趁妈妈不注意，把饭倒在垃圾桶；中午在学校吃饭，妈妈就更管不着了，她还是依旧吃苹果、喝酸奶。

心理解码

案例中的婷婷为了减肥不吃早餐，这对于正处于身体发育阶段的她来说是有很大危害的。发育阶段的青少年朋友一般会比发育前稍微胖一些，这是正常现象，因为这时候身体需要大量的营养，而且大多数人随着年龄的增长会慢慢地消失。正处于发育时期的少女们盲目减肥，后果很严重。

(1) 节食减肥法对身体发育是十分不利的，会造成贫血、营养不良，导致身体素质下降，影响正常的学习，而且将来患高血压、冠心病的危险系数也会加大。

(2)有的女生减肥还会造成停经或继发性闭经。月经不来了，她们还以为不来省了麻烦呢！其实，这样非正常闭经会对身体造成很大的伤害，甚至可能终生不育。

(3)节食减肥可能会造成神经性厌食症，有一个15岁的女生就是这样而导致多器官功能衰竭死亡的。

(4)滥用减肥茶、减肥药会导致贫血、肌肉病变、骨质软化，还易形成药瘾。吃减肥药吃得脾气变坏，喝减肥茶喝得病怏怏。

近年来社会上流行的减肥风刮进了校园，中学女生减肥好像也成了时尚。有一份调查说北京市近三成女中学生认为“越苗条自我价值越高”，而超五成的女中学生表示“即使自己的身材比标准体重轻，仍十分害怕增重”。很多女生不管是瘦是胖都在跟风减肥。女中学生减肥的方式也五花八门，调查称有6%甚至是病态减肥。有报纸和媒体披露：福州有一个女生瞒着家人借钱抽脂减肥，成都有女中学生喝自己的尿减肥，有的女生用针灸减肥，还有的女生盲目乱吃减肥药。因为中学生经济还没有独立，她们多采用的是节食减肥，或者“苹果减肥”“黄瓜减肥”，就是不吃正餐和肉类，只吃蔬菜和水果。

其实婷婷减肥的主要原因是不自信，别人随意说的一句话，她就会放在心上。这些其实就是对自己的体像不满意。体像是指一个人对自己身体的感觉或印象，包含对自己身体各方面特征的了解与看法。婷婷想减的不是体重，而是自卑。想通过减肥获得好身材、好的体形，让别人，特别是异性喜欢。

国外一位心理学家做过一次著名实验，他请中学生对自己进行评价，结果有95%以上的学生对自己的相貌和身材都不满意。而当研究人员对测试录像进行研究时，发现98%以上的测试者都是发育正常、身体健康的人，相貌没有任何缺陷。这种强烈的反差告诉我们，大多数青少年存在“体像烦恼”，而这种烦恼很多是被自己夸大和臆想出来的，也是社会上各种媒体和狭隘的审美观念误导的结果。

心灵魔法

1.首先，许多中学生根本就不胖，不要盲目跟风减肥。世界上没有完全一模一样的两片树叶，树有树的伟岸，花有花的芬芳，草有草的坚韧，你就是你，是独一无二的你，用不着和别人瞎比较。

2.利用补偿心理，超越自卑。睁大眼睛看看自己有什么特长或长处，努力发展自己的特长和优势，在其他方面做出成就超过别人，重建自信。

3.一个人想要赢得别人的尊重，单靠漂亮的外表或魁梧的身材是不行的，必须要有真才实学和美丽的心灵。古今中外许多名人，如拿破仑、罗斯福等，都是外表不好看的人，但并不影响人们对他们的评价。

4.中学生若真需要减肥的话，不仅要考虑减肥方法的有效性，更要考虑减肥中营养的均衡。不建议采用节食的方法，不要用减肥药或者其他病态的方法，应尽量在饮食和运动中控制体重，控制热量的摄入，使热量的摄入小于热量消耗。

（1）合理安排三餐，养成“早吃好、午吃饱、晚吃少”的饮食习惯。在食物控制上，需要适量地吃鸡蛋，但是一天最多不能超过两个；要保证蛋白质摄入，可以多吃鱼肉；多喝低脂或脱脂牛奶，多吃豆制品，以保证钙的摄入。

(2) 在运动方面，可以进行一般的跑步运动，建议每周跑5天，每天慢跑20分钟以上。室内运动可以选择跳绳或仰卧起坐。

(3) 吃了东西以后半个小时不要坐着，要走动走动。其实很多人发胖的最大原因是疏忽，由于工作学习忙，根本没有时间来合理调配生活，安排自己的饮食起居。饭后至少站立走动半小时，可以免去脂肪淤积在小肚子上的烦恼。

(4) 睡前2小时禁食。减肥的一大忌就是在睡觉前吃东西，睡眠的时候身体不需要运动，吃下的东西会全部被身体吸收变成脂肪囤积起来。可以提早吃晚饭，但是不要不吃晚饭！

心灵自助餐

神奇的发卡

——学会悦纳自己

小镇上有一个女孩，从小没了父亲，与母亲相依为命，过着贫寒的日子，她从来没有穿过漂亮的衣服，更没有戴过首饰，她很自卑，觉得自己长得难看，寒酸，走路时总是低着头，害怕别人的眼光。

在她十七岁生日那天，妈妈破天荒给了她二十块钱，让她去买点她喜欢的东西，她很兴奋，一时不知道该买什么好，最后，她紧紧握着钱来到商店，一狠心买下了那个她渴望已久的漂亮发卡，售货员帮她戴在头上，对她说："瞧啊，你戴上这发卡多漂亮。"她望着镜子里戴着发卡的自己，顿时神采飞扬，她说了一声"谢谢"，转身就兴冲冲地往外跑。在商店门口，她隐约感觉到撞了一个老先生，可是她已经顾不上这些，飘飘然来到街上。她感到街上所有人都在看她，好像都在议论："瞧，那个女孩真是太美了，怎么从来不知道镇上有个这么美丽的姑娘。"接着奇妙的事发生了，许多平日不太跟她打招呼的同学，纷纷来跟她亲近，一些同学还约她一起去玩，原本死板的她，似乎一下子变得开朗、活泼了许多。

女孩高兴极了，她想索性用剩下的钱再给自己买点东西吧，于是她又"飘"着往商店返，被她撞到的老先生拦住了她，说道："姑娘，我就知道你会回来的，瞧，你刚刚撞掉了头上的发卡，我一直等着你来取。"

是什么使别人改变了对她的态度？那个发卡真有那么神奇的力量吗？

心灵提示：人的容貌并没有因戴发卡而改变，改变的只是人的心态，因她的可爱而让人感到漂亮。无论什么时候，我们都不要讨厌自己，对于那些已经成为无法更改的客观现实，与其整天抱怨苦恼，还不如坦然地自我悦纳，即以积极、赞赏的态度来接受自己。

2. 小赌不怡情

我们世界上最美好的东西，都是由劳动、由人的勤劳的双手创造出来的。

——高尔基

心灵故事

小李的父母靠出租房屋为生，经常和亲戚朋友聚在一起打麻将，小李就在麻将声的“熏陶”下成长。有时过年过节恰逢人数不够，为弥补“三缺一”，父母都会让他加入进来。小小年纪的他打麻将的水平已经和大人不相上下。

上初中后，学校里有同学偷偷组织赌球，他也参与了。几乎十次有八次都能赢钱。渐渐地，他觉得在学校里小赌小赢没什么意思。一次偶然的机会，他认识了隔壁学校高三的一个同学张某。张某说他认识社会上的庄家可以买盘赌球，赢了可以赚更多的钱，主要介绍些熟人，很可靠。小李听了后很心动，立即通过他向庄家买盘赌足球篮球。第一次买盘赌球就赢了1万多元，他感到很兴奋。赌额也从开始的一场球几百元到后来的6万元。小李称最多赢过约10万元。正当小李以为自己是赌神附身时，完全不知道自己已经掉入了赌球陷阱。今年年初，短短一周内，小李稀里糊涂地就输了80万元。由于无法按行规在规定日期前还清账目，上线庄家多次打电话、发短信追债，甚至语带威胁，并且找到小李家的住址，上门追债。东窗事发，小李只好告知父母。父母既心痛又无计可施，只好带着他报了警。

心理解码

小李出现欠下巨额赌债的状况，他的父母有很大的责任。在现实生活中，类似小李父母的还有许多许多。从城市到农村，赌博已经成为一种具有普遍性的活动。很多地方到过年过节的时候，一家大小聚在一起打麻将、打牌。久而久之，青少年学生的好奇心便会由此产生，“大人这么好玩，我也来试一试”！有的家长还叫上孩子，弥补“三缺一”的局面。从不懂到会，从会到入迷，不计其数的青少年之所以打麻将，就是在父母的“言传身教”中入门的。

案例中的小李从小赌到大赌，一步步深陷赌博的陷阱。从自身而言，由于他年纪比较小，缺乏识别能力，不能正确地分析社会上的赌博之风。与此同时，玩麻将、扑克和赌球的行为方式具有极强的新奇性，比较容易吸引青少年学生。因此，就像玩其他游戏一样，青少年对赌博活动容易上手，而且容易沉迷。而且青少年赌博者往往有一种糊涂的认识，他们时常认为下注小，只是简单地玩一下而已，称不上违法。但是在好奇心、寻求刺激、争高低、图输赢的竞争过程中，他们一次又一次地参与赌博，而且越赌越大。从小赌走上大赌，导致倾家荡产甚至为此丢了性命的悲剧下场。

赌博就像是毒品一样让人难以自持，尤其是“免疫能力”较差的青少年。青少年赌博者一般有以下的心理特征。

1.好奇心。这往往是青少年开始赌博的动机。

2.寻求刺激。赌博是一种比输赢的带有智力性的游戏行为，无论是麻将、扑克，还是其他赌博方式，都充满竞争性。对于一些青少年而言，不仅是一种物质刺激，还是一种精神刺激，对他们具有磁铁般的吸引力。

3.逃避和消遣的需要。有些青少年空闲时间感到无聊又没有其他的兴趣爱好就以赌博作为娱乐；或逃避某种压力或责任，用赌博来麻痹自己。

4.竞争性。争高低、图输赢是青少年赌博一次又一次继续下去而丝毫不会感到厌倦的动因。

如果正在阅读本书的你，有参与赌博这样的危险行为，希望你能早点醒悟过来，其实青少年赌博的害处是显而易见的。

（1）参与赌博活动，会浪费学习和休息时间，严重影响学习，致使成绩落后，严重的还会导致退学。

（2）赌博容易让自控能力差的青少年越来越贪婪，渐渐地，这种活动会扭曲他们的人生观、价值观。

（3）赌博还会毒害青少年的心理，使青少年产生贪欲、投机取巧、好逸恶劳的不良心理品质。

（4）赌博就像毒品一样，一旦陷进去就很难克服掉，青少年的赌博行为可能会成为他们以后赖以生存的一种职业，经常赌博还会让他们产生偷窃、打架的行为。

心灵魔法

1.小赌不怡情，赌博百害无一利。作为青少年，我们应该清楚认识到赌博没有大小之分，小赌的下场往往就是大赌，不仅自身饱受折磨，家人也会非常痛苦，因此，远离赌博才是正道。

2.不要幻想不劳而获。参与赌博活动并不能使你在短时间内变得富有，相反只能让你迅速变成身无分文的人。

3.平时多参与富有趣味的有益的正当活动，譬如听音乐、打球、下棋等。兴趣是最好的老师，这些兴趣可以让生活变得多姿多彩，可以帮助你把注意力逐渐从赌博转移到有益的活动之中。

4.慎重交友，方可防止后患，远离有赌博行为的人。尤其当他们以朋友面目出现时，对“只赌一次，没有关系”这样的虚假说法，要坚决地、毫不犹豫地加以拒绝。

心灵自助餐

一分耕耘，一分收获

在2004年的雅典奥运会上，刘翔脱颖而出，夺得110米跨栏的总冠军，并以打破纪录的成绩感动了中国人，震撼了全世界。之前，几乎所有人都认为，这个项目的冠军只是那些身强体壮的西方人的专利，但是刘翔在全球人面前改写了历史，把这桂冠戴到了黄皮肤黑头发的人头上，实现了中国人多年的梦想。他靠的是运气吗？显然不是。作为青少年，应该深深地意识到，在这鲜花、掌声与成功的背后，付出的却是艰辛！理所当然，每个人都可以想到收获的背后一定有艰辛的付出。但作为青少年，或许你根本想象不到他每天进行高强度训练后的汗水，想象不到每天长跑、跨栏等训练的酸楚……一块金牌、一个奖杯的身后凝聚着运动员多少心血与汗水呀！这是他咬紧牙关、奋力拼搏换来的。不经一番寒霜苦，哪得梅花扑鼻香！

心灵提示：所谓种瓜得瓜，种豆得豆，无论做什么事情，只要付出了就一定会有回报。卡莱尔也曾说："天才就是无止境刻苦勤奋的能力。"只有付出，才能实现自己的目标，收获的时候才会有让你满意的成果。成功绝非偶然，其背后总会有成功者默默无闻的努力，而并非把收获的赌注压在赌博的运气之中。如果只是幻想不劳而获，通过赌博的运气而有所得，那么结局必定是令人感到无比失望的。

3. 另类的“偷窃”

勿以恶小而为之，勿以善小而不为。

——《三国志·蜀书·先主传》裴松之注

心灵故事

朱杰的父母是有名的老板，在外地做生意。由于工作原因，父母平时很少回家，他和爷爷奶奶一起住，但老人年龄大，身体不太好，就请了一位阿姨来照顾着。老师和同学们聊起朱杰，第一印象就是他家里很有钱，开学的时候是坐高级轿车来的。朱杰在学校里人际关系一般，他不太和同学说话，总喜欢一个人静静地待着。

他有一个羞于启齿的嗜好，只要看到别人有一些好东西是他没有的，他就会忍不住想方设法把它弄到手，其实也就是常人所说的“偷”。朱杰的第一次偷窃是在上学期的一天中午，他回寝室休息，看到同学的抽屉没有上锁，他很好奇地打开来看，这位同学把自己的一些零用钱都放在一个信封里。朱杰鬼使神差偷偷地从里面抽了一张50块的，那种感觉让朱杰感到非常刺激。事后那位同学似乎没有发现，于是朱杰便一发不可收地在寝室里忍不住要拿别

人的东西。虽然他拿别人的东西也不是因为自己买不起，就是一看到他想要的东西心就痒，控制不住自己的手。每次偷完之后也很后悔，谴责自己不应该这么做。有时候他会把拿来的东西再放回去，这样心里能好受一些。但是下次看到好东西，他还是忍不住要拿，就像自己身体里住着一个小偷一样。

心理解码

朱杰的这种偷窃行为属于习惯与冲动控制障碍的一种，即病理性偷窃。这种心理障碍的主要特征为反复出现不可克制的偷窃行为。与一般偷窃者不同的是，其偷窃既不是由于当时生活的需要，也不是考虑偷窃物的经济价值。在行窃前有逐渐加重的紧张感，行窃后有短暂的愉快和放松的体验，之后又会为自己的行为感到自责或内疚。

所以，他们常将偷窃物品弃去或偷偷放回原处，或是将其隐藏。

很明显的是，病理性偷窃并不是由经济原因引起的，关于病理性偷窃目前没有确定的病因。生理学上有报告指出，强迫性的偷窃行为，可能因为一些器质性的原因造成，如肿瘤、癫痫、痴呆；心理动力学上，部分研究指出，病理性偷窃患者通常都有一个不愉快的童年，可能是曾经遭受过虐待或忽视，也可能是对爱的需求无法通过正常渠道满足，导致患者通过偷窃来占有他认为有价值的资源，或是以这种方式来引起亲人的关注。无论偷窃的原因是什么，这种行为都对本人和社会带来了危害。

案例中的朱杰并不是一种简单的偷窃行为，他实际上已经有了一种“偷窃癖”，而这种“偷窃癖”的形成与他的个性和成长经历有着很密切的关系。由于家庭的缘故，朱杰缺少父母足够的关心和他们较多的沟通，这使得他的性格变得非常内向。平时又很少与人交流，缺乏必要的社交技巧，让他很难适应新的人际环境，慢慢地，个性变得更加孤僻内向。虽然家庭条件不错，但他觉得其他各方面都不如别人，有着非常强的失落感。在朱杰眼里，他好像被人遗忘了一样，看不到自己存在的价值。所以潜意识里，他希望通过某些行为引起他人的注意，而偷窃行为正是这一心理作用下的产物。

心灵魔法

1.偷欲剖析法。对自己偷东西的本质进行反省和剖析，可以更清晰地知道自己的渴望和需要，明白很多问题不是偷窃能解决的，偷窃只是一种简单发泄的方法，而且会导致恶性循环的后果。

2.欲望暴露法。当你有偷东西的想法时，倾吐给自己最信任、最尊重的长辈听，他们可以为你指点迷津，并且可以让他们来监督、约束你。

3.警示语。将偷窃的种种危害归纳起来，写成诫语和座右铭，放在自己天天看得到的地方。一方面以此告诫自己，约束自己的行为；另一方面也是通过一个反复强调的过程，不断暗示自己，使其内化为自己态度的一部分，用以稳固自己不偷的倾向。例如“东西是别人的，我不应该拿”！反复写或念。

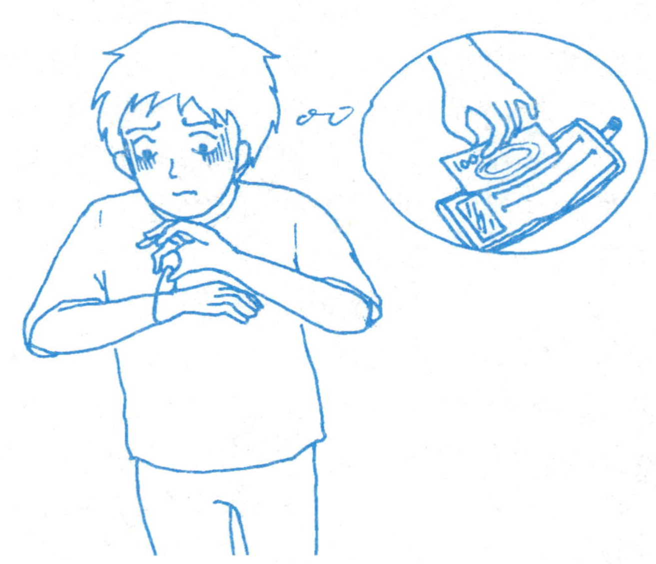

4.角色扮演。例如，当自己产生偷窃欲望时，就假设一下如果自己刚刚买的自行车、家里存款、自己心爱的纪念物等被别人偷走，自己会有怎样的感受，并在内心对偷窃者进行谴责。运用这种角色扮演促使自己站在别人的立场看待问题，从而激发罪恶感和内疚心理，抑制、消除自己的不良愿望。

5.厌恶疗法。将欲戒除的目标行为（如偷窃冲动）与某种不愉快的或惩罚性的刺激结合起来，通过厌恶性条件作用，达到戒除或至少是减少目标行为的目的。最简单的方法就是在手腕上套一根橡皮筋，每当自己出现不良想法或行为时，就用另一只手不停地弹拉橡皮筋，一拉一松使手腕产生疼痛，直至不良行为消失为止。

6.生活技能的训练。学会自己洗衣服、整理物品、打扫卫生。

7.人际关系训练。多与同学交往，同时参加各种课外活动，增加人际交往的体验，慢慢学会与人相处。

8.寻求心理帮助。如果这种行为从青少年时期就开始，并且在最近一年发生的频率高于三次，建议尽快到专业的心理治疗机构诊治，因为单凭你个人的意志和自制力无法克服这种冲动，必须借助专业治疗来帮助你克服这种心理障碍。

心灵自助餐

偷钱

节选自吴祖光《偷钱》

时常和母亲要钱，又说不出个正经的用处，是一桩很不舒服的事情。因此在一个清早，所有的人在睡觉，只有我一个人很早起床时，看见书桌上放着一叠铜子儿，便不免见猎心喜，拿了一小部分放在口袋里上学去了。

当时曾经想到，这就是“偷东西”么，心里略微有些不安，但马上就想不到这些了。并且始终没有人发觉，于是这便成了我日常的习惯。胃口越吃越大之时，这个惯贼落了网。有一回我一狠之下把桌上的一大叠铜元全部装进了衣袋，偏偏母亲马上就来拿钱了，马上注意到了我，结果从我的衣袋里破获了全部赃物。母亲半晌无话，看了我许久，说：“你拿这些钱做什么？”我低了头，说：“我想买一副乒乓球，还有网子，拍子……”母亲说：“这是偷钱，做贼，懂吗？”又过了一会说：“到学校里去，回头再跟你

说。”晚上我很早就睡了，主要的原因是怕父亲回来，其实我哪里睡得着呢。我听见父亲说：“睡着了么？”母亲说：“睡着了。”父亲说：“把这个放在这儿吧，又不是不给他钱。一定要偷，多难为情。”我面朝里装睡，感到母亲把一样东西轻轻摆在枕头旁边。第二天清早醒来时，我一把抱住了枕头边的盒子，打开盒子，里面是两个球拍，一面网子，半打乒乓球。父亲、母亲、祖母都没有再提过这桩事，而我也没有再偷钱。

4．天啊，我又说谎了

一个谎言的开始，要用无数个谎言去结束。

——谚语

心灵故事

小艾看起来聪明漂亮，却有一个坏毛病：总爱撒谎骗人。在家里骗父母，在学校骗同学，现在所有的同学都不愿意跟她玩了。老师发现她撒谎时也批评教育过她，爸妈甚至打过她，可她却依然喜欢撒谎。

刚进入新班级的时候，大家不是很熟悉，彼此都还有距离，互相很客气。可是渐渐地，小艾的“与众不同”开始显现。她常常情不自禁地向室友感叹自己“命不好”：父母长年争吵或冷战，父女关系濒临破裂……刚开始，室友还为她的“悲惨遭遇”唏嘘不已，也尽量温柔地安抚她激动的情绪。可是不久室友发现，小艾的那些充满了血和泪的故事，在旁人看来本应该是深埋心底的伤痛，却被她频繁地向周围的同学提及，她似乎想用自己苦涩的过去来换取别人的关注。与此同时，她还经常有意无意地透露自己某位姐姐的“幸福”状态：

姐姐买了新车，姐姐有多少部手机，姐姐穿的衣服是什么品牌，姐姐要带自己去香港自助旅游……

小艾是如此乐于编造不同的谎言，而且全然不顾这些谎言有没有可信度，也不在乎倾听者迷惑和无可奈何的眼光，她已经沉浸在自己编造的谎言世界里无法自拔了。

心理解码

也许你会认为这是小艾的品德有问题，她是自作自受。但事实上，小艾爱说谎，并不是简单的品德问题可以解释的，这背后可能还有复杂的心理因素作怪。

小艾之所以不厌其烦地诉说自己并不存在的东西，是因为她在现实中有很多东西得不到，就从口头的快感得到满足，这在心理学上称为“补偿心理”。因为过分渴望完美和突出，她利用不断的付出来缓和自身的焦虑……

种种异常可能都是因为她的心理防御机制出现了问题。正像我们身体对病菌的入侵会自然地抵制一样，心灵对外界的伤害、压力也有一种防御机制。每个人潜意识中应对焦虑的防御机制不同，处理问题的方式就会不同。显然，她采用了不成熟的幻想方法来解决自己内心的冲突，是一种“退行”的防御方式：她在想象中完美自己的人生，然后表演给不了解她的人看。

小艾欺骗了别人，可是何尝不是在欺骗她自己呢？

其实我们身边也有一些青少年朋友习惯性地说一些没有什么意义的谎话。例如：家里很有钱啊，最近买了一双名牌鞋子啊；或者是家里很有权，爸爸妈妈在部门当领导人；等等。这些人是说谎的受害者，深受谎言的毒害。说谎使他心神不宁，情绪暴躁，直接危害身心健康；为了编织谎言，需要绞尽脑汁，分散精力，影响学习；撒谎使他慢慢缺乏责任感，失信于他人。一个人失去别人的信任是很可怕的，不讲信用的人在社会上是那么的渺小与可怜，孤立无助，处处碰壁。“人无信不立”，不讲信用的人不仅让人看不起，更无法立足于社会。

心灵魔法

青少年朋友请远离谎言，“诚实为上策”，真实的自己才是最可贵的。

1.明白撒谎是不对的。最初的撒谎或许并不是有意的，而是一种无意的行为。当因无意中的一次撒谎而尝到“甜头”之后，就会有第二次。例如上面案例中的小艾希望通过撒谎获得同学们的关心。用撒谎获得别人的关心与关注，最后会因为谎言被戳破而被周围的人排斥。大家想认识一个真实的，即使是有缺点的你，而不是一个虚造出来的你。因此当你意识到自己撒谎了，虽然不一定是什么大的问题，也一定要告诫自己：撒谎是一种不正确的行为，它会让自己变得不诚实。

2.学会坦诚沟通。其实父母是我们最亲近的人，要相信父母很多出发点都是为了我们更好地成长。因此当你因和父母的意见不统一而撒谎时，不妨将你的想法坦诚地告诉父母，并说明你的原因。相信一次诚实的沟通会让父母更相信你有能力解决自己遇到的问题。

3.学会承认错误。大多数青少年朋友撒谎都是因为犯错误后怕说了实话而被父母或老师责骂。其实没有人在成长的过程中不犯一点错误，连你的父母和老师都曾犯过一些错误。所以当你认识到自己做错事情了，主动向他们承认，并说明下次不会再犯同样的错误。相信你的父母和老师是能体谅你的过失的。

心灵自助餐

谁打碎的花瓶

列宁小时候，有一天跟着爸爸、姐姐到姑姑家里做客。姑姑家里有好几个表哥、表姐，都很喜欢列宁，列宁也喜欢和他们一起玩儿。

这天，他们在姑姑的房间里玩“捉人”的游戏，追的追，逃的逃，热闹极了。列宁跑得很快，不小心碰了桌子，“啪”，桌子上的花瓶掉在地上打碎了。多好看的玫瑰花瓶，打碎了多可惜呀！孩子们一下都呆住了。

姑姑听到响声，赶忙跑到房间里来，瞧瞧出了什么事。她看见花瓶打碎了，就问大家：“孩子们，谁把花瓶打碎了？”表哥、表姐都说：“不是我打碎的。”列宁呢，也跟着说：“不是我打碎的。”他说话的声音很低很低。姑姑说：“你们谁也没有打碎花瓶，那么一定是花瓶自己打碎的了，大概它在桌子上站得心烦了，所以就掉了下来。”

一个表哥说：“大概这个花瓶想跟我们一起跑一跑，所以从桌子上跳下来，可是它忘了自己是玻璃的，就打碎了。”大家听他这么一说，都笑起来，只有列宁没笑，不声不响地跑到另外的房间里，坐在桌子前。他心里很难过，因为他说了谎。

他回到家里，晚上躺在床上，想着想着，忽然哭了起来。妈妈问他：“你为什么哭呀？”列宁把自己说谎的事告诉了妈妈。妈妈说：“这不要紧，明天你写封信给姑姑，承认自己说了谎，她一定会原谅你的。”列宁这才安心睡觉了。

过了几天，邮递员给列宁送来一封信，啊，是姑姑给他写的回信！列宁连忙把信拆开来看。姑姑在信上说：“你做错了事，敢于自己承认错误，就是个好孩子。”列宁把姑姑的回信给爸爸妈妈看，爸爸妈妈都称赞列宁是个诚实的好孩子。

从此以后，列宁没有再说谎，长大以后，他也通过诚信这可贵的品质获得了人民的支持。

5. 出口成“脏”

交谈比生活中任何其他举动更为美妙。

——[法]蒙田《随笔集》

心灵故事

晓军个性火爆，平时说话都是大大咧咧的。上小学六年级后，他越来越爱讲脏话了，一出口就带脏字。仿佛不带脏字就讲不了话。例如“××你爹”“××你妈”“×到底在干什么呀，你妈×能不能快点？”渐渐地，同学们都不太想和他讲话，尤其是女生都远离他，甚至大家都有点怕他。

班主任听到同学们的反映找晓军来谈话，晓军还不以为然。“老师，我不是要骂人的意思。这只是语气助词而已。关系好的朋友和同学之间说说这些话没什么的。而且有时候好朋友之间爆爆粗口才显得关系亲密。电视上警匪片里的兄弟都是这么说话，多豪气。大家都是好同学，讲话直爽些不要拐弯抹角的。”

当问到父母有没有发现他爱讲脏话时，晓军说：“我妈就是这样和我说话的。我想看电视的时候，她就臭着脸说‘去去，赶快去写作业，否则有你好看’。有时我要和她争辩一些问题，她就说‘歪理一堆，少跟我废话，我说怎么做就怎么做’。”“后来我发现说脏话有时候还蛮有效果的，大家意见不统一的时候，我讲一句脏话，大家都乖乖地听我的意见。我才懒得和他们多说，一句话就把他们压下去，大家都按我说的来做。”

心理解码

晓军因为受到影视人物的影响，认为讲脏话是一种豪爽的表现，而且不认为脏话是在骂人，而只是表达情绪的一种语气词。从案例中也可以看出他其实是不擅于和同学们沟通的，只能通过“一句脏话堵死他们，懒得啰唆”来霸道地解决问题。最后导致同学们都疏远他，甚至有点怕他的小霸王形象。

其实讲脏话也是现在中小学生当中普遍存在的一种现象。“我能说脏话吗？不能吗？那我就没话好说了。”这是最近红了半个网络的小段子，正从一定程度上反映了这种现象。在公共场合，注意文明用语，并保持文明举止，这是对一个公民最起码的要求。学生自然也应该做到这基本的一点。但事实上，有很多的中学生甚至小学生在公共场所很不文明，大声喧哗不说，而且往往“出口成脏”，更让人吃惊的是，有些女生说出的话比男生的还脏，还难听。同学们都明白说脏话是一种不良的行为，但因为大家都说，说的人和被说的人并没有觉得有什么不妥，所以也就无所谓了，也从来没有想过要去刻意纠正，久而久之，就养成了习惯。大多数学生开始说脏话主要从小学高年级开始，到初中最突出。

据调查，中学生说脏话很大一部分的来源是同龄人之间的交流，极少一部分学生是由于家庭因素而造成的。另外，有一部分学生过早接触网络，从网络上学到一些脏话。由小范围慢慢扩大，在学校和同学交流沟通的时候，把这些脏话当作时髦语使用，周围的同学便不知不觉地被潜移默化了。

很多“脏话”在同学们的概念里并非传统意义上的脏话，而是类似口头禅一样的说话习惯。很多学生都表示，最初听到这类词的时候，并不了解它们具有的真正含义，只是当作语气词来看待，也就学着用了，等慢慢了解了真正内涵之后，就已经成为了习惯。

亲爱的青少年朋友请设想一下，假如你对自己的同学说了一些侮辱性的、鄙视性的话，他的心里肯定会受到一些伤害；而对于你本人来说，经常讲脏话，从不良语气到不良心态都会影响到自我的心理健康，可能一辈子都跳不出说脏话的坏圈。这种陋习愈早改正愈好，说脏话不仅在语言上不文明，而且影响到我们的心态健康和心理健康。因此，要从自身角度入手，进行自我约束，用健康语言表达。

心灵魔法

1. 树立正确观念，远离脏话

(1) 要明白说脏话绝对不是一种时髦的习惯，它只会抹黑你的形象。

(2) 用脏话来表示自己的成熟就更不明智了，它往往显示说脏话者的幼稚和肤浅。

(3) 在和他人沟通的过程中，有理不在声高，越有道理的一方越不需要用脏话来虚张声势。

(4) 对身边爱讲脏话的朋友多规劝，不要和他们相互模仿。

(5) 建议出口成“脏”的朋友对着镜子讲脏话，当你对着镜子看到你自己出口成“脏”时，你就明白自己的形象有多糟糕了。

2. 陶冶性情，注意文明用语

（1）多读一些文字优美和有关讲话礼仪、讲话艺术的书等，培养良好的语言氛围和文明用语。

（2）在自己视力所及的范围内贴上文明用语的警语。

（3）每个人都有情绪激动、心情低落的时候，当你觉得情绪激动又想出口成“脏”时，不妨找其他也能代表强烈情感的语气词来代替。例如“切”“哇”“MY GOD”“我的妈呀”等代替一些脏话。

（4）说话的时候说慢点，想一下再说。什么事都是一个习惯问题。想说脏话的时候先笑一笑。

3. 坚持21天，养成文明用语习惯

（1）习惯的养成只需要21天，为改掉说脏话的坏习惯，请你制订一个21天计划表。

（2）找一个不讲脏话的朋友监督你文明用语，一旦发现了要立即纠正。

（3）采用奖惩制，讲一次就要扣一分，一天没有讲就要加分。完成任务时给予自己一些小奖励。

心灵自助餐

杜绝出口成“脏”

——学习李文的公民榜样

要求邻居黄某为狗拴链时遭骂，李敖之女李文状告黄某，要求对方为“京骂”赔偿千元并公开道歉。朝阳法院近日判决黄某向李文公开赔礼道歉，但驳回了李文的索赔请求。李文表示，她打官司的最终目的是杜绝“京骂”，提升国民素质。

也许有人会困惑不解：口舌之争有什么大不了的，挨了区区几句国骂，就把对方告上法庭，未免太小题大做了吧？事实上，正是日常生活中持有这种心态的人太多，才在某种程度上助长了骂人者口无遮拦的脾性。所以，一定意义上讲，李文是孤独的，她的

同道中人太少了。当太多的人指责她“是吃饱撑的”，他们却忽视了李文之举的意义所在。

出口成“脏”是缺乏修养，甚至缺乏教养的行为，这是垂髫的孩童都知道的。但不可回避的是，有些被骂的人即便胜诉在握，却很少拿起法律武器，一纸诉状将对方送上法庭。通常的做法是以牙还牙，或者不予理会。这样做一方面是出于息事宁人的心态，另一方面也是法律意识不强的表现。当骂人者破口大骂别人，却丝毫不受惩戒，甚至还有宣泄的快感和胜利的快意时，下一次，他势必还会照骂不误；挨骂的人如果不“小题大做”，既不能刹住骂人者的嚣张气焰，又是对自己权益的不负责任。

李文说：“李文做到了，你们也可以做到。”是的，既然李文能做到，别人为什么不能做到？而且，人们不仅仅对当面辱骂要付诸诉讼，面对许多不公的时候，都有必要依法相争。一定意义上讲，最大限度地依法维护自身权益，是每一个合格的现代公民基本的权利之一。

6. 学校小霸王

哪怕是对自己的一点小的克制，也会使人变得强而有力。

——高尔基

心灵故事

小杜是学校里无人不知的“小霸王”。他身材魁梧，肤色有点黝黑，看上去挺结实的，走起路来大摇大摆的。他只和同乡的一些所谓哥们儿交朋友，其他市县来的学生一个不交，说话粗鲁，性情暴躁，动不动就发火，全班同学都怕他。论纪律，无心学习，惹是生非，教室里只要有他在就不得安宁；论学习，基础差，七门功课的分数加起来不到100分。

要是所谓哥们儿和他一起坐，课堂讲话就没完没了；别的同学和他同桌，就会受他欺负，他要霸占三分之二的位置和空间，弄得同桌连写字的地方都没有，还时常搞小动作影响同桌学习，如果同桌逆来顺受，他就变本加厉，如果同桌敢反抗，他就要打人；就是坐在他旁边的同学日子也不好过，他坐在椅子上前后左右地摇个不停；如果他自己单人坐，他就随意换座位。课间里，经常差使甚至强迫同学给他买饮料和零食等。有一次打架，小杜吃亏了，他觉得咽不下这口气，越想越觉得窝囊，于是就用自己的双手敲打教室的玻璃和门窗，最后，他的双手被砸得血淋淋的……

心理解码

案例中的小杜由于性格粗暴，与同学相处不好，动不动就用拳头解决问题。小杜在学校学习目的不明确，得过且过，缺乏自我约束。学习基础差，丧失学习信心，以至于无心向学。而且还依仗个人身材高大拉帮结派，欺负同学。凡事以个人为中心，唯我独尊，经常滋事挑衅，差使同学当跑腿，稍不顺从，就随意打人。

在生活中，爱打架的孩子有很多原因，有些孩子不会控制自己，有些孩子缺乏社交技巧，有些孩子想用自己的拳头在孩子们中做“大人”，还有些孩子仅仅是为了模仿别人。如果正在读此书的你，也是一个校园“小霸王”，请你好好反思一下，你用拳头带来了什么？你注意到同学们看到你就疏离的眼神，老师看到你就头疼的表情，父母看到你就摇头的无奈吗？其实你从心里也是希望获得同学们的喜欢，希望获得老师的认可，希望获得父母的关爱的。那为什么要让自己成为一个在校园里以大欺小、称王称霸的人？要知道你那些所谓哥们儿，很可能是为了某些利益而接近你的。除了他们，你恐怕在学校找不到一个能真正关心你、真正帮助你的好朋友。你愿意做一个这样的人吗？

心灵魔法

1.学会控制自己的情绪，冲动是魔鬼。与人发生争执时，先做一个深呼吸，心平气和地与同伴说出争吵的理由，不能骂人打架，如果再不行就走开或做出让步。

2.学会换位思考。凡事要将心比心，就事论事。如果任何事情，你都能站在对方的角度来看问题，那么，很多时候你会觉得没有理由迁怒于他人，自己的气自然也就消了。

3.培养同情心。参加学校的义工组织，到老人院、孤儿院看看那些需要帮助的人。或者饲养一些小动物，这样可以培养自己的耐心和爱怜之心。

4.提高明辨道德是非的能力。学会正确地辨别身边的是非、善恶、对错、美丑的能力。自觉抵抗不良诱惑，就要从小事做起，从一滴一点做起，培养自己的行为习惯，杜绝不良嗜好。

5.学会与人为善。要知道“霸道”是一种获得满足的方式，这种行为只顾自己，不会考虑人际关系。不妨多参加同学们的团体活动，在与别的同学的共同分享、游戏中，体验融洽的团体协作精神。

6.远离一些与暴力相关的影视娱乐节目。有关资料表明，经常看暴力影视片和武打片，玩暴力的电子游戏或网络游戏的孩子更容易出现攻击行为，更容易带有攻击性心理。

7.寻求老师的帮助。如果你觉得自己的问题太多，又不知道从何入手，不妨请老师帮助分析你的问题，带领你一起面对和改善你的状况。

心灵自助餐

冲动是魔鬼

——节选自新浪网

女儿拿了10元钱在小卖店里买《故事会》，店主却当作5元钱忘记找零的事，女儿当时气疯了，她说关键不是钱的多少，而是这个店主太欺负人了。因为是午休的时候发生的事，女儿整个下午都被愤怒的情绪包裹着，难以咽下这口气。

亲爱的女儿，这让我想起了洛克的“自我克制”。中国有句古话叫“四十而不惑”，说明人能达到自我控制的目标其实很难，要经过40年的历练。所以，你很不简单呀！

愤怒会使人失去理智的思考机会，而且一时冲动的愤怒，可能意味着事过之后要以高昂的代价来弥补。假如你那次没有控制好自己的愤怒情绪，拿砖头把人家的玻璃砸了，那么后果是什么呢？如果店主告到学校里，学校会对你通报批评、记过甚至开除；如果店主告到派出所，派出所就会对你进行调查取证，用有色眼镜看你，认为你是一个坏小孩。

卡耐基说过：“即使我们没办法爱我们的敌人，起码也应该多爱自己一点。我们应该不让敌人控制我们的心情、健康和容貌。”“憎恨伤不了对方一根毫毛，却把自己的日子弄成了炼狱。”

亲爱的女儿，记得我们在墙报上写过这样的话：“冲动是魔鬼。”美国女宇航员莉萨·诺瓦克因一时冲动，穿上宇航员特制尿布，上演了驱车千里追杀情敌的闹剧，丢了情人，又丢了饭碗，并被控犯重罪。冲动让人犯下了太多的错，落下了太多的悔，走过了太多的冤枉路，有失了性的，也有犯了罪的……

心灵提示：一个人善于克制自己的感情，约束自己的言语，控制自己的行为，这是意志品质的一个方面。自我控制是一种克制或节制，自我约束是一种美德，是文明战胜野蛮、理智战胜情感、智慧战胜愚昧的表现。